Cómo pagamos los errores de nuestros antepasados

EDICIONES OBELISCO

Colección Psicología
CÓMO PAGAMOS LOS ERRORES DE NUESTROS ANTEPASADOS
Nina Canault

1.ª edición: noviembre de 2009
5.ª edición: octubre de 2022

Título original: *Comment paye-t-on les fautes de ses ancêtres*

Traducción: *Belén Cabal*
Maquetación: *B. C. R.*
Corrección: *M.ª Jesús Rodríguez*
Diseño de cubierta: *Carol Briceño*
Imagen de cubierta: *La noce*, de Henri Le Douanier Rousseau

Edita: Ediciones Obelisco, S. L.
Collita, 23-25. Pol. Ind. Molí de la Bastida
08191 Rubí - Barcelona - España
Tel. 93 309 85 25
E-mail: info@edicionesobelisco.com

ISBN: 978-84-9111-922-7
Depósito Legal: B.37.657-2009

Printed in Spain

Impreso en España en los talleres gráficos de Romanyà/Valls S. A.
Verdaguer, 1 - 08786 Capellades (Barcelona)

Nina Canault

Cómo pagamos los errores de nuestros antepasados

El inconsciente transgeneracional

A mis hijas
Judith y Ava
y a sus padres.
A mi sobrina y sobrino
Laura y Daniel
y a su padre.

Prólogo

Es un placer presentar el libro de Nina Canault, un placer leer unas nociones de psicología, sociología, física cuántica sencillamente descritas y expuestas, lazos y «nudos-nervios» médico-familiares, algunos de los cuales apenas nacieron de unos encuentros e intercambios en mi casa, en París, hace ya unos treinta años, como por suerte de un azar feliz. Ese azar feliz que el psicólogo Cannon ha bautizado con el término «serendipia» hacia 1930, y cuyo nombre retoma la historia de los príncipes de Serendip, contada por Voltaire y Walpole[1]. La obra de Nina Canault es la indagación inteligente realizada por una periodista científica que ha buscado y recopilado, en su cabeza y por escrito, trabajos dispersos de diversas personas –muy diversas– cuyos recorridos no se cruzan jamás –universitarios y autodidactas, científicos literarios, artistas que, de forma muy diferente abordan el misterio de la transmisión involuntaria e inconsciente de calidades, de pericias, de formas de ser (bueno, violento, sufridor o con capacidad de hacer sufrir), etc. A menudo todo ello es el resultado de duelos no realizados o de traumas no expresados o no elaborados.

Lo que no se ha podido poner en lágrimas ni en palabras se expresa después en dolores, por falta de palabras para decirlo.

---

[1] Voltaire, *Cuentos persas*. Walpole, *Los tres príncipes de Serendip*, 1778. Cannon, «Serendipity and Medical Discoveries», 1936, citado por A. Ancelin Schützenberger, «La serendipité», en *Hommage au Doyen Weiss*. Anuarios de la facultad de letras de la Universidad de Niza, 1997, y nota en *Aïe, mes aïeux!*, Desclée de Brouwer, 1998.

Lo podemos constatar a menudo sobre varias generaciones. «Los padres comieron uvas verdes y los hijos han sufrido por ello tres o cuatro generaciones», como decía la Biblia.

Y el milagro terapéutico es el de ver que, si se encuentra o se vuelve a encontrar la posibilidad de hablar de ello, los males se convierten a menudo en palabras y lágrimas, y la enfermedad o la mala racha por fin cesa. Además hay que encontrar a quien contárselo, alguien que entienda por fin, que ayude a desembarazarse de tal peso y permita una liberación (catarsis) y su cicatrización.

Pero para entenderlo, ni la práctica clínica ni el saber terapéutico-psiquiátrico-analítico-clásico son suficientes.

Algunos de nosotros han despejado vías, propuesto claves y pistas, y Nina Canault los entrega en manojos para permitir que un público más numeroso entienda y se sirva de ello. Así pues, su libro es a la vez apasionante, útil y fácil de leer, para no tener que pagar los errores, faltas y traumas de nuestros antepasados.

Si bien estoy interesada por esta indagación e investigación, no estoy sin embargo convencida de todas las pistas que explora la autora alrededor y entorno al término usado como cajón de sastre «psicogenealogía», utilizado de forma independiente por psicoanalistas y no-analistas desde hace veinte años en sentidos y contextos diferentes, por universitarios y autodidactas con planteamientos y practicas clínicas diferentes, e incluso opuestas.

Nosotros ofrecemos «transgeneracional», «genosociograma», psicogenealogía clínica, así como psicoterapia transgeneracional clínica, partiendo de la práctica clínica analítica (y *sin* hacer ninguna referencia al esoterismo, a la transmisión de pensamiento, al tarot, o a la astrología que utilizan algunos autodidactas y que para mí están más ligadas a *las artes* que a *la ciencia*).

Estas personas (que no son analistas y no entienden ni el inconsciente, ni la transferencia del mismo y con el que juegan a veces inconscientemente) a menudo mantienen a las personas enganchadas, impidiéndoles realizar la verdadera psicoterapia que necesitaban en realidad y asumir su verdadera independencia de adulto, responsable de su vida, de su porvenir y de su salud.

Nosotros trabajamos a partir de planteamientos científicos y analíticos clásicos, con los pies en la tierra y «a pie de campo» de libros y crónicas de historias, papeles familiares, partidas de nacimiento, de defunción, bautismos, matrimonios, registros civiles, médicos, militares, notariales y funerarios, es decir, hechos constatables.

La declaraciones, los recuerdos, los sueños, las asociaciones de ideas, las pesadillas y otros males, en definitiva lo vivido de forma activa, clínica y psicopática, son como una expresión, un grito, una llamada de auxilio, un trauma que generalmente proviene de lejos. Representan las hipótesis que conviene escuchar y entender por respeto a la persona que los sufre, pero que se deben verificar.

Pero ahora volvamos un poco al porqué y al cómo de estos traumas. Un trauma mental es un acontecimiento demasiado difícil para el espíritu y para el corazón, demasiado horrible, inhumano, monstruoso, que nuestras estructuras mentales, individuales y colectivas no consiguen digerir, igual que un bombardeo que aniquila una ciudad (Rouen o El Havre), como los gases enviados a Ypres (abril 1915) o a Verdun, igual que los campos de concentración (el holocausto), como la guillotina durante El Terror (1793) o la brutal expulsión de los judíos y los moros de España (1492), similar a la carnicería de la batalla de Sedan (1 de septiembre de 1870), o la bomba de Hiroshima.

La derrota de los serbios en Kosovo hace seiscientos años, a consecuencia de la batalla acaecida el 28 de junio de 1389, hizo perder al jovencísimo Estado serbio su independencia (en particular después de la caída de Constantinopla), derrota que se convirtió casi en un duelo nacional y se entonó en diversas canciones heroicas durante centenares de años.

El trauma ancestral del pueblo serbio se reactivó el 28 de junio de 1914, durante la visita a Sarajevo del archiduque Francisco Fernando de Austria y Hungría, una visita considerada como una provocación, el día del aniversario de la perdida de Kosovo, por los serbios. Él fue asesinado, hecho que desencadenó la guerra de 1914-1918 y sus millones de muertos.

La historia se repite (como por una retrospectiva temporal) el 28 de junio de 1989 con la conmemoración, por Milosevic, de la derrota de Kosovo de 1389 y el regreso de los restos mortales de san Lázaro (príncipe serbio Lázaro) asesinado el 28 de junio de 1389 por los musulmanes otomanos. Éste será el desencadenante de la masacre (genocidio) de los musulmanes de Albania y de Kosovo. Una revancha, seiscientos años después de un trauma nacional, cuyo duelo no se había realizado jamás.

Otras circunstancias pueden no ser digeribles y perdurar largamente: una explosión de grisú para un minero, su familia, su equipo, o el choque de un iceberg contra una embarcación (el *Titanic*) para sus ocupantes y sus allegados, o un incesto, una violación, el abuso en un niño. Podría también ser un trueno en el cielo de un niño, como la muerte de un abuelo, o de un gato, o de un perro, o el degüello de un cordero, o la marcha del padre (divorcio o encarcelamiento).

Ello nos deja congelados de pavor –nos faltan palabras para expresarlo, o el miedo o la vergüenza de estar implicados (de uno u otro lado, ya sea como víctima o como verdugo) y así el acontecimiento queda oculto en un silencio–, algo que no se ha dicho o un secreto.

Y este suceso, que ha quedado enterrado como en una cripta, se transmite desde el inconsciente de los padres al inconsciente de los hijos, por lo que Nicolas Abraham y Maria Törok llamaron, en 1975-1978, un *efecto ventrílocuo* o un *fantasma*. Esta transmisión se produce mediante un fenómeno complejo que varios investigadores pluridisciplinarios tratan de dilucidar –y que para mí se resumiría en términos de co-consciencia y de co-inconsciencia familiar y grupal– ampliando los conceptos de Freud, Jung, Moreno, Dolto, y de la unidad dual madre-hijo.

Aun cuando la teoría de la transmisión entre generaciones (intergeneracional consciente y transgeneracional inconsciente) no ha sido aún aclarada del todo, numerosos médicos y terapeutas la constatan y trabajan con ella. Dichos profesionales intervienen en campos tan diversos como la psiquiatría o la psicoterapia de adultos y de niños, haciendo desaparecer las pesadillas o ciertos tipos de asmas, incluso diarreas gravísimas (enfermedad de Crohn) o estreñimientos graves (hay cirujanos que han puesto en evidencia la relación entre el abuso sexual y el estreñimiento). Y todavía hay muchas otras formas de legados familiares invisibles con aspecto de enfermedades, accidentes, episodios psicóticos u otros, tantas como maneras de señalar la fragilidad de un aniversario, de los duelos no realizados, o de los traumas no asimilados, no verbalizados o no metabolizados.

Sin gritar, como el barbero del rey Midas, los secretos de los demás, hay que constatar que el secreto o lo no dicho es devastador, y que no decir las cosas («es por tu bien») tiene un efecto *boomerang* y se convierte en un mal que golpea precisamente a los que hemos querido proteger. «Yo es otro», escribía Rimbaud. Pero el efecto devastador de los duelos no realizados y de los traumas no asimilados no se detiene en la salud y en las familias. A menudo se nos ha acunado con nanas y canciones que vuelven a trazar los traumas pasados y las esperanzas de una compensación o de una revancha. («Nos devolverán Alsacia y Lorraine…», aclama la canción, pero podría referirse a Jerusalén, la Gran Serbia o todo el Islam…) Todo ello conduce a duelos sin fin, a «traumas elegidos» según Vamic Volckan, erigidos en cultos nacionales, en *vendettas* familiares, nacionales y culturales, y en baños de sangre que nuestro siglo racionalista no consigue detener. Y precisamente es la falta de haber sabido, retenido y entendido la historia –la psico-historia–, la historia personal, familiar, sociocultural y económica, en su contexto.

Pero esto es otra historia...

Y dejo al lector, el placer de su descubrimiento.

Anne Ancelin Schützenberger
París-Niza-Montreal, 25 de septiembre de 1998

Cuando Isaac Bashevis Singer recibió en 1978 el premio Nobel de literatura dio a los numerosos asistentes que acudieron a escucharle la razón por la cual escribía en una lengua que se moría, el yidish. «Me gustan las historias de fantasmas –declaró–. Nada le viene mejor a una historia de fantasmas que una lengua moribunda. Cuanto más muerta está la lengua más vivo está el fantasma. A los fantasmas les encanta el yidish, todos lo hablan. Además, creo en la resurrección. Estoy seguro de que el Mesías vendrá y, entonces, los millones de cadáveres que hablan el yidish saldrán de sus tumbas y me preguntarán de repente: "¿Han salido nuevos libros en yidish?"[1]»

Isaac Bashevis Singer sólo consigue dar vida a personajes humanos, seres de carne y hueso si los rodea de seres inmateriales que responden tanto a dulces denominaciones («serafín», «ángel» o «querubín»), como a algunas más inquietantes («demonio», «dibbuk», o «fantasma»). Por mi parte, al igual que Singer, creo en los aparecidos. Creo que nos acosan con apariciones fugitivas y, de hecho, su presencia es hasta cierto punto tan familiar que vivimos con ellos casi sin darnos cuenta.

¿De dónde provienen esos aparecidos?, ¿qué son?

Son los espíritus de los muertos, los espíritus de todos los que la vida ha sacrificado para sus propios fines: soldados, héroes, patriotas, muertos

1 Frank Eskénazi, «El yidish pierde su pluma», *Libération*, viernes 26 de julio de 1991.

en combate, que atormentan la Historia de los pueblos, mujeres muertas en partos que se agotaron por transmitir la vida, aquellos que en cada familia se han ido prematuramente, llevados por alguna enfermedad y los que finalmente se han dedicado a la cultura, de los cuales heredamos.

Estos aparecidos no son necesariamente amenazantes. No nos hablan únicamente de lo absurdo de la muerte. Ellos están aquí también para ayudarnos a vivir. ¿Será por esta razón que están presentes al igual que los ángeles, los demonios y los dioses en todas las culturas?

Los fantasmas son también todo aquello de lo que estamos hechos: sólo tengo que escuchar cómo reprendo a mi hija para recordar la entonación que utilizaba mi propia madre en los sermones que ella me dirigía. O ponerme a escribir para ver de repente el rostro concentrado de mi padre garabateando algún pensamiento simple en su agenda, con su preciosa escritura, amplia y llena de gracia.

Pero mi padre y mi madre no son los únicos que están en mi interior. En el momento en el cual desconecto del mundo, el momento en el que los sueños toman la delantera a la acción, en el momento en el cual finalmente estoy a solas conmigo misma, entonces emerge primero tímidamente, luego de forma tormentosa, la gran multitud que llega del interior. Aparecen todos aquellos con los que me he identificado, de quienes he tomado prestada una entonación, una sonrisa, un aire de familia. Todos esos personajes a los que había soñado con parecerme en mi infancia: Aladino, Robin Hood, Tintín, Nils Olgerson viajando en su ganso salvaje, Gerda, la valiente niña que se fue en busca de su amigo de la infancia Kay, prisionero de la Reina de las Nieves.

Los aparecidos son aquellos que continúan, queramos o no, expresándose en nosotros, porque lo que llamamos el «espíritu», el «alma», o la «inteligencia», ese lugar de donde emerge nuestra creatividad no es otra cosa que la continuación del espíritu, de la inteligencia y de la creatividad de las generaciones anteriores y, más concretamente, de aquello de lo que estamos hechos: nuestros padres y nuestros ancestros.

Cuando superamos nuestra infancia, debemos tomar las riendas de nuestra evolución y asumirla activamente. En cuanto a esta vida que nos ha sido regalada, debemos transmitirla a nuestros hijos. Seamos hombres o mujeres, hemos de considerar que es nuestro deber transmitir a nuestros descendientes nuestra cultura, nuestros valores, nuestra ética, nuestra habilidad y, por tanto, en conjunto, nuestra propia eficacia mental.

Mi trabajo como periodista científica ya me había acostumbrado a extraños encuentros. Me había enseñado que la investigación es una aventura, y que los investigadores son los *trotamundos* del espíritu. El espíritu se burla de los límites rígidos creados por los ministerios, las universidades, los institutos de investigación, que encorsetan a los investigadores en unas disciplinas y unas situaciones cuyas pautas están marcadas desde el principio.

capítulo 1

Encuentro con un psicoanalista poco común

Cuando conocí a Didier Dumas, estaba lejos de imaginar que los fantasmas pudieran ser el objeto de una rigurosa investigación. Descubrí asombrada que ocupaban, en la cotidianeidad de su trabajo clínico, un espacio igual de tangible que el de los parásitos para los virólogos. Y de hecho si el psicoanalista los escucha atentamente, tienen un papel igual de importante que el de los microbios en el brote de las enfermedades.

En la biblioteca de mi barrio, encontré por casualidad *L' Ange et le Fantôme*[1]. Este libro da cuenta del trabajo realizado en un hospital de día, durante más de diez años, con niños psicóticos, para intentar descifrar en las líneas parentales el origen de los traumas que siguen persiguiéndoles. Cuajado de historias clínicas tan bellas como aterradoras, nos muestra de qué manera los fantasmas diseminan sus efectos ocultos a veces hasta la cuarta generación.

Prácticamente desde nuestro primer encuentro, Didier Dumas me confesó: «El trabajo con niños psicóticos sobrepasaba todas las herramientas teóricas de las cuales yo disponía entonces». Yo estaba citada con él para entrevistarle sobre el papel de la genealogía en un análisis.

Mi objetivo, por entonces, era el de elaborar un dossier sobre la investigación en el psicoanálisis para incluirlo en la página de Ciencias del periódico *Libération*, y sentía una curiosidad en aumento porque había seguido una terapia durante trece años, a razón de tres sesiones por semana, con una psicoanalista que yo consideraba «moderna», ya que

1 Didier Dumas, *L'Ange et le Fantôme. Introduction à la Chinique de l'impensé généalogique*, prólogo de Françoise Dolto, Editions de Minuit, 1985.

se había formado en la escuela de pensamiento lacaniano. De hecho, yo estaba completamente satisfecha con los resultados de ese largo trabajo, ya que ello me había permitido sentirme mejor en mi piel y poder entablar un diálogo duradero con lo que yo pensaba que eran los componentes más inconscientes de mi ser.

Por así decirlo, en ese primer encuentro, en el mes de marzo de 1991, yo no estaba totalmente receptiva a lo que me iba a enseñar. El concepto que tenía del psicoanálisis era el de mi terapia. Y para poder entender aquello de lo que me estaba hablando, debería reconocer los límites del trabajo acometido hasta entonces. Sin darme cuenta del todo, al escucharle argumentar su trabajo con los niños psicóticos y sus familias, estaba descubriendo algo que mi propia psicoanalista parecía haber ignorado completamente.

El privilegio que se otorgaba Dumas algunas veces para apoyarse en la teoría freudiana y otras para alejarse de ella a su antojo me desconcertaba. También la manera de hablar de su tratamiento personal. Lo comenzó a la edad de once años, y había tenido desde entonces nada menos que cinco analistas distintos. Por tanto, había probado largamente la eficacia de la teoría freudiana, pero también sus límites, tanto en su sanación como en su clínica. Todo ello causado por su historia, la cual supe bastante más tarde y que parecía salida de una novela de Kafka. Un padre demasiado joven para desear un hijo, una madre que tomó como segundo esposo a un anciano deportado: lo dice todo o casi todo. El hombre permanece fascinado por el niño de 4 años que vive a su lado. Se apropia de él. Le cambia el nombre y lo sitúa como testigo y confidente de su desamparo. El niño se ve confrontado a un enigma que le hubiera gustado a la mismísima Esfinge. ¿Cómo sanar a un padre atormentado por lo que había vivido en los campos de prisioneros? Didier Dumas tuvo que aplazar largamente la respuesta a ese enigma por falta de herramientas del pensamiento. Si su terapia empezó a los once años, por esa época ningún «psi» era capaz de encargarse de los problemas que, con ese padre loco, trae añadidos. «Vivir su propia construcción edípica con un deportado, queriéndole y siendo su único sostén frente a un trauma sin calificativo –me confío– es correr el riesgo de estar como él, atormentado por el fantasma de lo campos de prisioneros. ¡Sólo Françoise Dolto podría haber ayudado a un crío como yo! Pero eso no lo comprendí hasta mucho más tarde, poco tiempo antes de que muriera, cuando nos habíamos hecho amigos.» Por aquella época, pues, nadie sabía lo que era la obsesión. Sin embargo, él se obstina, persiste de un analista a otro. Para terminar escribiendo él mismo la teoría con la cual tratarse[2]. De ahí igualmente su interés por las almas más débiles: los niños psicóticos.

Los psicoanalistas, por lo general, temen a esta clientela, frente a la cual se sienten sin herramientas. Y si Didier Dumas me parecía diferir de sus colegas era sobre todo por su trabajo con estos niños. Haciendo eco de la suya, esta experiencia con los niños psicóticos le había conducido a los confines de lo humano: estos niños generalmente considerados como locos tienen, a menudo, dones comparables a los de los grandes místicos. Son videntes, telépatas, comprenden el lenguaje de los animales, o son capaces de auto-anestesiarse. He aquí, en definitiva, lo que le permitía considerar la teoría analítica clásica unas veces como una antigüedad polvorienta y otras como el mantillo de sus propias investigaciones. Cuando hablaba de la psicosis, era para mí, el más desconcertante.

Me contaba, por ejemplo, que con Alice, una joven adolescente psicótica de 14 años, él había «visto el diablo». Yo pensaba que se trataba de una simple metáfora. ¡Pero para nada! Esta cría, internada desde una edad temprana, vivía sus menstruaciones como una enfermedad monstruosa. En cuanto las tenía, se arrancaba las ropas y se entregaba, en plena sesión, a una masturbación enloquecida, en la cual el cuerpo, el moco y la sangre no eran más que dolor. Él mismo no sabía qué hacer. Alice sólo sabía unas cuantas palabras. Él no entendía nada de lo que ella intentaba expresar. Hasta el día en el que, caída en el suelo, ella le dijo: «¡Es rojo, Señor Dumas, cúreme!». El diablo que padecía Alice se resumía en una negación total de la feminidad, transmitida por su abuela a su madre, y que se remontaba, a través de ella, a tres generaciones.

Al reflexionar sobre ello, supo que era el diablo lo que Alice le había mostrado. ¿Qué es, pues, el diablo en nuestra cultura, donde el patriarcado se ha construido sobre el servilismo de la mujer, sino el nombre dado al miedo ancestral que provoca lo femenino? Ahora bien, esto es lo que Alice intentaba simbolizar para el «Señor Dumas» con la expresividad de su cuerpo indispuesto[3]. De esa forma ella realizaba su curación.

No se debe olvidar que los niños psicóticos generalmente no hablan, o en el mejor de los casos disponen de un lenguaje rudimentario, como el de Alice. Esto no impide que, cuando vienen a ver a un analista, quieran realizar su curación y expresar su sufrimiento con «los medios básicos».

2 Didier Dumas, *Hantise et clinique de l'Autre*, Éd. Aubier, 1989.

3 Es lo que Françoise Dolto ha dado en llamar «la imagen inconsciente del cuerpo»: véase más adelante el capítulo 6 y la entrevista del psicoanalista Willy Barral.

«Entonces pude ver que era como una niña de 18 meses que hubiese tenido la menstruación», añadió Dumas con emoción.

Estos diez años de trabajo en un hospital para niños constituyeron, al parecer, una experiencia que le había proyectado, sin miramientos, fuera de las referencias sensoriales y de las ideas que poseemos habitualmente para orientarnos dentro de la experiencia ordinaria de la vida cotidiana. Y, al escucharle, me decía a mí misma que debía haber cierta diferencia entre lo que había escrito –un testimonio concebido para ser entendido por todos– y la experiencia «extra»-ordinaria que esos niños le habían hecho vivir, y que había sido determinante en el giro que había dado su vocación de psicoanalista.

¿Por qué daba esa edad mental de 18 meses a Alice? Porque a esa edad, el niño todavía es un bebé, apenas empieza a hablar, y la forma de expresión de la que está dotado el bebé es precisamente a través de su cuerpo.

«Estos niños han sido para mí grandes maestros –me confesó en diversas ocasiones–. Con ellos no podía evitar el hecho de no disponer de herramientas teóricas para ayudarles. Les debo el haber comprendido que el primer cimiento de nuestro psiquismo se compone de una "piel" hecha de sensaciones, que a menudo es la única de la que disponen, y de la cual pueden valerse para comunicarse con un analista. Son ellos quienes me condujeron a estudiar, en la acupuntura y el taoísmo, cómo se piensa y se teoriza la sensación. Sufrían todo tipo de traumas ancestrales, lo que en Occidente conocemos como obsesión y, en la mayoría de las culturas tradicionales, como "enfermedad de los antepasados". Ellos son, por tanto, el origen de mi interés por el estudio de lo que esas culturas llaman la "enfermedad de los antepasados", de esas regiones sin palabras del psiquismo humano donde se alojan los fantasmas familiares.

Los niños psicóticos parecen tener la misión de arreglar incansablemente el pasado genealógico de sus familias. Son incomparables exploradores del inconsciente transgeneracional.» Es así como consideraba, por ejemplo a Jean-Michel, un adolescente de diecinueve años, autista de nacimiento. Jean-Michel era silencioso como una tumba y se obstinaba en no mirar a nadie a los ojos. Todos los niños que se desarrollan normalmente tienen una mirada profunda que nos habla. ¡Qué madre no ha experimentado las delicias de sumergir la mirada en ese océano intenso de inocencia! Pero la señora Lebois no había conocido nunca esa alegría con su hijo mayor, Jean-Michel. En cuanto a su analista, se preguntaba cómo arreglárselas con un chico que no decía ni palabra, se desplazaba como un pez, y ennegrecía, a modo de dibujo, completamente las hojas blancas que se le ofrecían. «Con su madre, "una santa mujer" –se apresura en precisar Didier Dumas–, me invadían, al cabo de cinco minutos de entrevista, unas ganas irresistibles de dormir. Varias veces después de haberla recibido me caía de sueño. Me hundía en un reposo lleno de sueños y me despertaba a la hora de la siguiente cita. Entender lo que ocurría me ha llevado años. Era como si una insistencia inconsciente en mí me obligara sistemáticamente a transformar en sueños lo que me contaba esa mujer. Lo más extraño es que este fenómeno al cual estaba confrontado prefiguraba lo que iba a permitirme comprender la historia genealógica de Jean-Michel, ya que ésta me había sido dada por un sueño que su hermano vino a contarme.»

Asaltado por todos estos tipos de fenómenos mentales que no entiende bien, no se da por vencido. Intenta entender los sueños que esta madre provoca en él, lo que le obliga a preguntarse sobre la telepatía. «Cuando un trauma no es asumido, sigue vivo. Un trauma mental es un acontecimiento que nuestras estructuras físicas no consiguen digerir. Un hecho monstruoso, espeluznante. Algo que no pueden describir las palabras. No podemos hablar de ello, ¡es el miedo, el pavor o la vergüenza! Y cuando la vergüenza de haber estado implicado nos prohíbe hablar de ello, entonces encerramos ese hecho traumático dentro de una explicación mentirosa, y es ese acontecimiento encerrado en una mentira el que se transmite del inconsciente de los padres al del niño, y ello engendra lo que en el psicoanálisis contemporáneo se denomina "un fantasma".»

Dicho eso, me cuenta la historia del doble suicidio de los dos bisabuelos maternos de Jean-Michel, los cuales se ahorcaron ambos al regresar de la guerra de 1914 y, viéndome atónita al escuchar la historia de esta saga familiar, digna de un cuento fantástico de Lovecraft o de Ewers, explica: «Lo que mantiene vivo un trauma y por tanto un fantasma transmisible a sus descendientes es el hecho de haberlo interpretado equivocadamente. Una historia transmitida con una falsa explicación provoca destrozos en el inconsciente de los descendientes».

Cierto día, Luc, el hermano pequeño de Jean-Michel, vino a contarle un sueño que tuvo por la noche, en el cual escuchó a dos brujas que le hablaban del tiempo y de la muerte. El sueño de Luc le condujo a interesarse por sus dos bisabuelas maternas, en las cuales el había visto a las dos «brujas» del sueño. Así fue cómo descubrió el trauma que originaba el autismo de Jean-Michel. Para ello hace falta remontarse cuatro generaciones en la línea materna. Los dos bisabuelos de Jean-Michel tenían el mismo apellido patronímico, sin ningún lazo de parentesco. Al regreso de la guerra de 1914, los dos hombres se suicidaron ahorcándose. La señora Lebois, la madre de Jean-Michel, a la que presiona con preguntas, no ve otra causa que aquella que le ha proporcionado su familia: la razón fue la «miseria del proletariado». «¡Cómo es posible, si los soldados no pasaron hambre en las trincheras!», objeta el analista de su hijo. La verdadera explicación es otra, aunque igualmente perturbadora para la señora Lebois, quien ha considerado siempre a sus abuelas como mujeres admirables. Supervivientes de una guerra atroz, a su regreso, estos dos hombres descubren que ya no hay sitio para ellos en sus hogares. Los dos se apellidan Leroux. Sus mujeres son hermanas y durante la guerra han pensado que sería más cómodo vivir juntas para enfrentarse a la vida cotidiana. Al llevar el mismo apellido, Leroux, simplemente se sintieron «casadas» la una con la otra, unidas de alguna manera por la misma dejación. Ya no necesitan a ningún hombre. A su vuelta, exhaustos de la guerra, sus maridos se han convertido en una carga. Y, como por casualidad, los dos se suicidan.

En la siguiente generación, esta vez, es entre las hijas de esos hombres cuando se produce el suicidio, y enmascarado tras una explicación engañosa cuando aparece en escena el fantasma de sus dos abuelos. Son varias las que lo hacen tirándose a un pozo. Todos esos suicidios están provocados por el hecho de haber sido ignoradas por un hombre. Ellos las abandonan o comenten errores que ellas no les pueden perdonar. Una de ellas se casa con su primo hermano para protegerse de los estragos causados por ese terrible fantasma. Y trae al mundo a una niña, la madre de Jean-Michel. Todo parece volver a un orden, salvo que en la siguiente generación, el primer hijo de esta mujer, se niega, desde su nacimiento, a mirar a su madre a los ojos, es un autista: Jean-Michel. «El autismo, en este caso, es el resultado de un "incesto genealógico"», comenta el investigador.

«La prohibición del incesto es una ley universal, cualesquiera que sean el país o la cultura. Esa prohibición es la que garantiza la posibilidad de que un ser humano pueda transmitir a su hijo los medios de prolongarle, de reemplazarle. El incesto trampea las leyes de la vida. Deja entender al hijo que podrá hacer su vida con sus padres, sin abandonarlos jamás. Por tanto, su objetivo es hacerle creer que la muerte no existe. Es así como despoja al niño de tener que constituir las herramientas mentales que le permitirán vivir sin sus padres, y así poder remplazarlos. Ahora bien, ¿qué es un autista? Es alguien que, de entrada, está desposeído de los medios para acceder a la edad adulta. ¡Le es imposible mirar a su madre a los ojos! Lo que le ha pasado a Jean-Michel desde su nacimiento. Y yo no entendía nada hasta el día en el que me encontré remontándome cuatro generaciones con una historia que niega las leyes del flujo de la vida. Esas dos bisabuelas, que llevaban el mismo apellido, ponen en marcha la creencia de que para ser madres no hacen falta los hombres: ¡una negación de la sexualidad y del rol del padre en la construcción mental de un niño! En ese momento, esa negación se coloca y se transmite en esta descendencia, transmitiéndose de madre a hija, con el fin de no tocar esa imagen de "mujeres santas", detrás de la cual se esconde la homosexualidad incestuosa de esas dos hermanas, esas dos bisabuelas. En lugar de llorar la muerte de sus esposos, y de reflexionar acerca de las razones de sus suicidios, ellas lo explicaron con la miseria del proletariado. Lo cual era una manera más segura de ocultarles a sus hijos por qué sus padres habían muerto. En esa época, lo llamé un "incesto genealógico". ¡Lo hubiera podido llamar igualmente "partogénesis genealógica"!»

La historia de Jean-Michel parece tan increíble, que uno se pregunta cuando la descubre en el libro *L'Ange et le Fantôme*, si se trata de realidad o de ficción. A uno le gustaría creer que está en presencia de una patología que no le atañe más de lo que le puede alcanzar a la gente normal. «¡Al contrario, esto nos atañe a todos! –afirma Didier Dumas–. A los que no entienden el porqué de la existencia de los psicóticos, les contesto que ellos están, en cualquier caso, para enseñarnos lo que desconocemos acerca de nuestras transmisiones mentales y espirituales. Son ellos los primeros que me han señalado la realidad ineludible de las transmisiones genealógicas en la vida mental de todo individuo. Los niños psicóticos expresan o cuentan cosas que, *a priori*, nadie comprende. Pero, si se les escucha seriamente, nos damos cuenta que no entendemos que, en realidad, exploran el pasado familiar que les ha convertido en lo que son.

Es como si utilizaran la parte más clarividente de su tiempo para circular en el inconsciente de su madre, en una búsqueda de amores perdidos: las abuelas, los abuelos o las tías-abuelas, por las cuales, ella misma o su propia madre nunca ha podido llevar luto. Y en ese universo-fantasma, el único personaje perdido, aquel que nunca encuentran, es su propio padre. No es que su madre no quiera a su padre. Los padres de los niños psicóticos son generalmente hombres fieles, pero estos compañeros nunca tienen nada que decir sobre la educación de los niños. Como tampoco han opinado sobre la llegada al mundo del niño. Ellas son las únicas que deciden. Consideran, como me comentó una de ellas, que "los hombres viven en otro planeta". Asumen, solas, la educación de su hijo y aunque el hombre con el que viven sea el padre, el niño nunca oye hablar de él. Lo peor es que estos hombres parecen totalmente estar satisfechos con ese estatus. Esto hace que, cuando les preguntamos a los niños psicóticos quién es su padre, una de cada dos veces, ellos los presenten como una especie de hermano mayor que ayuda a su madre a asumir la pesada carga de la maternidad, y no como un padre, un progenitor responsable de su presencia. Para esas madres, los hombres realmente no existen.

Los autistas denuncian, con su existencia, esos silencios engañosos. Asumen, sin que nadie se dé cuenta en la familia, todo aquello que los demás no pueden ni pensar ni decir. A través de su mutismo, protegen a sus padres de verdades demasiado dolorosas. Y si, tal y como me comentó Françoise Dolto a propósito de los padres de Jean-Michel, estos últimos no han consultado a un psicoanalista antes de que su hijo cumpliera los 7 años, hay que concluir que existen muchas probabilidades de que ellos tengan una necesidad inconsciente, pero vital para ellos, de verle quedarse así. La psicosis es, por tanto, vista desde esta perspectiva, un destino de descendencia de sacrificio, una prueba, si es que se necesitan pruebas, de que lo que yo llamo canibalismo familiar existe sin duda alguna. Y sin el análisis genealógico no se entendería nada de esta dimensión radicalmente inconsciente devoradora de lo mental.»

Estas conversaciones sobre la psicosis provocaron en mí una tormenta de preguntas: ¿de qué manera un antepasado, al que nunca hemos conocido, puede influir sobre el curso de nuestra vida? ¿De qué manera podía marcar el destino de sus descendientes, atribuyéndoles la carga de decir o hacer lo que él mismo no había podido realizar en vida? Cuando los fantasmas provienen de una obsesión, el que los sufre no puede entenderlos desde su única vivencia. En esta situación, los acontecimientos de la historia familiar y, más concretamente, aquellos que han sido silenciados adquieren un significado crucial. De repente, todo aquello modificaba considerablemente la concepción del psicoanálisis que me había forjado a lo largo de mi propia terapia, y era eso lo que me alteraba profundamente.

Invadida por mi propia panoplia de imágenes, acuciaba a Didier Dumas con preguntas:

—¿Entonces, el fantasma es sencillamente algo no dicho?

—¡Exactamente! Es una ausencia de representación, una laguna en las palabras, un agujero en las palabras de nuestros padres sobre la sexualidad y la muerte, tal y como ellos –¡o sus antepasados!– han tenido que asumir.

—Pero ¿por qué llamar «fantasma» a este fenómeno?

—Lo que ocurre es que este fallo en las palabras es la explicación de un trauma psíquico que se ha producido por encima de nuestra filiación, en nuestra ascendencia. El trauma es un atentado a la integridad del ser. Es este atentado el que se transmite de un inconsciente a otro inconsciente. El niño se convierte en el último depositario y, para colmar esta ausencia de palabras heredadas, crea imágenes que más tarde, en la edad adulta, resurgirán en sus sueños y en sus fantasías sexuales. Lo no dicho se comporta como un «huésped», quien, una vez introducido, podrá irrumpir tanto en los trastornos psíquicos como en las somatizaciones.

—En ese caso, ¿podríamos más bien hablar de «fantasías»? ¿Por qué introducir un nuevo término?

—La palabra «fantasía» es una creación del psicoanálisis. No la encontramos en los diccionarios anteriores al principio de siglo. En el Littré de 1863, se encuentran «fantasía» o «fantasmal». Este último término designa todo aquello que tiene relación con la visión de fantasmas. La palabra «fantasía» aparece en el Larousse de 1922, pero sin modificar el sentido del primero de «fantasmal». Por tanto, «fantasma» y «fantasía» están estrechamente ligados. Y bajo la forma de un verbo activo, «fantasear» representa una actividad psíquica que juega un papel importante en la formación del espíritu humano. La fantasía es el fruto de una facultad del espíritu, una forma de expresar mediante la cual nuestras estructuras psíquicas emplean, para expresarse, entidades diferentes a las palabras, a menudo imágenes. Es, por tanto, un pensamiento en imágenes, parecido a lo que obra en los sueños. Ahora bien, las rarezas de esos pensamientos, la absurda, o aparente incoherencia de esas imágenes pueden, del mismo modo que cualquier idea descabellada que nos pase por la cabeza, señalar un fantasma: una ausencia de representación verbal que proviene de la psique de nuestros padres y de la cual somos herederos.

La continuidad que introducía entre las nociones de «fantasía» y «fantasma» me parecía interesante. Pero me resultaba difícil representar lo que él llamaba «rarezas» del pensamiento en imágenes. Le pregunté acerca de ello.

—Todas esas incoherencias resaltan las palabras del analizante, las ideas de las cuales se avergüenza, de las que le cuesta hablar, pero que se le imponen. Tomemos el caso de una de mis clientas. Ella esperaba un niño y tuvo un aborto espontáneo. Llegó a mi consulta sumida en un mar de lágrimas: «¡He matado a mi bebé!», declaró desconsolada. Le ayudo a hacer una sesión de duelo. Ella realiza esa sesión pero sigue convencida de que, si ese feto le ha abandonado, es porque era una niña. Nada podía hacerle pensar eso, ya que entonces no existían las ecografías, algo tan habitual hoy en día. He aquí una fantasía, una idea absurda, que no habíamos podido enlazar con su historia. Pasaron dos años. Ella trae al mundo un niño en perfecto estado. Por aquel tiempo, la más joven de las hermanas de su madre acude a visitarla. Entonces, ante de la presencia del bebé recién nacido, la vieja señora le cuenta que su propia madre, que era enfermera, tuvo una niñita que la medicina había declarado no viable. La metieron en una caja de zapatos y la dejaron morir de hambre. Al escuchar a su tía contar esa historia, mi clienta de repente entiende el porqué había desarrollado la fantasía de haber matado a una niña, partiendo de un acontecimiento doloroso pero del cual no era en absoluto responsable, ya que se trataba de un aborto espontáneo.

—¿Y ella no sabía nada de esta historia? ¿Su madre no se lo había contado nunca?

—¡No, y esto es lo más sorprendente! A continuación interrogó a su madre. ¡Esta última no guardaba ningún recuerdo al respecto! El acontecimiento había sido suprimido completamente, borrado de su memoria. ¡Vaya uno a saber por qué había resurgido en su tía! Probablemente al contemplar al recién nacido.

En un caso como éste, es un «vacío de palabras» sobre la viabilidad de las niñas el que ha sido transmitido de inconsciente a inconsciente, puesto que su madre había olvidado totalmente la breve existencia de esa hermana pequeña. Mi clienta, probablemente, jamás hubiera sabido nada de ese drama si su tía no se lo hubiese contado. Cuando existen traumas importantes en una familia, muertes por suicidio, o bebés muertos, esas historias permanecen vivas en el inconsciente, y si aquellos que les sobreviven no hablan de ello, es en ese momento cuando se transmiten de inconsciente a inconsciente bajo forma de fantasmas. En las terapias, aun cuando quien las padece, ignora todo sobre la historia que le atormenta, en un momento dado u otro, siempre aparece alguien, como en este caso la tía, para quien esta historia, que todos los demás han olvidado, ha quedado por el contrario bien viva. Se ve, así pues, cómo un fantasma puede provenir de una parte de la historia ancestral que ha sido borrada. ¡Y eso es el fantasma! Es la huella de un sufrimiento de nuestros antepasados que no se pudo expresar.

Como objeto clínico, el fantasma no pierde ninguno de los atributos con los cuales la literatura, generalmente, lo dibuja. Desde la visión del psicoanálisis, estudiándolo dentro de la lógica de sus efectos, el universo cautivador de un Singer aparece de lo más verosímil. Agazapado en la psique humana, el fantasma es un huésped vivaz y solapado en trabajo de destrucción y desmembramiento a lo largo de varias generaciones. Y ese parasitismo se distingue claramente del de la amnesia, que actúa recubriendo los acontecimientos de nuestra infancia: lo que Freud ha llamado «represión».

Freud fundó el psicoanálisis al descubrir que los trastornos histéricos son palabras que no se consiguen decir. Buscando el origen de esta ausencia de palabras, lo encuentra en la primera infancia, los cuales al ser reprimidos, caen en el olvido.

Su teoría se construye, por tanto, sobre la de la amnesia infantil, sin considerar el papel que juega el inconsciente de los padres sobre la constitución del de los hijos. Es esa laguna la que colma la teoría del inconsciente transgeneracional y la del fantasma, puesto que pone en evidencia que los traumas responsables de los síntomas psíquicos no se ubican necesariamente en la infancia de aquel que los padece. Siendo el hijo el atormentado, el fantasma puede provenir de la historia del padre, de la madre, o de un antepasado más lejano en el tiempo. Se caracteriza cómo un enclave, una entidad, un objeto inconsciente, el cual se transmite directamente, de inconsciente a inconsciente, en detrimento de su huésped. Es así como el fantasma desemboca sobre un nuevo acercamiento clínico y una nueva concepción del inconsciente, más amplia y más flexible que la de Freud, puesto que la teoría del inconsciente transgeneracional establece un puente entre el inconsciente individual de Freud y el inconsciente colectivo de Jung.

Lo más asombroso es que esta teoría del inconsciente transgeneracional eclosiona hoy en el corazón de lo que llamamos el pensamiento contemporáneo, y que además sea figura novedosa en el psicoanálisis.

Aunque si pensamos en ello un solo instante, no existe ninguna tradición –incluida la nuestra– en la cual lo transgeneracional no sea central. Empezando por uno de los libros fundadores de nuestras civilizaciones, la Biblia.

Esta visión «que corresponde a las grandes explicaciones místicas y religiosas de la vida humana», nos hace observar Marie Balmary[4], quien, al igual que varios analistas, ha trabajado sobre la mitología bíblica. Podemos, en efecto, ver aplicada, en nuestros mitos religiosos, una visión ancestral de la transmisión de «la falta» de forma precisa como lo pude observar en profundidad cuando exploramos el Antiguo Testamento,[5] con

4 Marie Balmary, *L'homme au statues*, Grasset, 1979.

5 Nina Canault, «Plongée psychanalytique dans la Bible», en *L'Actualité religieuse*, 15 de diciembre de 1994.

Didier Dumas. Lo transgeneracional es motivo central. El dios bíblico está definido en él como el que tiene la carga de las transmisiones paternales, buenas o malas, y por tanto los «errores de los padres». Esos errores, dice el Éxodo (20, 5-6), se transmitirán a lo largo de tres o cuatro generaciones. Lo volvemos a encontrar en el libro de Ezequiel (18,2), donde también es formulado: «Los padres comieron las uvas verdes y los hijos sufren la dentera», se retoma en el libro de Jeremías (31,29), como si fuera el *leitmotiv* de un pensamiento que atribuye a los padres la completa responsabilidad de los males espirituales que golpean a su descendencia.

Lo trangeneracional también es central en el taoísmo, una forma de pensamiento que data de unos cuantos siglos antes de nuestra era. El pensamiento tradicional chino sobre el que se fundamenta la acupuntura reconoce la existencia de entidades, los *Gui*,[6] que tienen el estatus de aparecidos, y a los cuales corremos el riesgo de acoger en otoño, si no nos protegemos de ellos. Dormitarán, entonces, todos los inviernos y resurgirán en primavera bajo la forma de una enfermedad. Es por ello que en la antigua China se hacían, en otoño, todo tipo de rituales con la esperanza de echarles. Estos «espíritus» son, para los taoístas, componentes naturales de la organización espiritual de la persona. Provienen de los *Po*, término que designa la parte más terrenal del alma. Los *Po* gestionan las grandes funciones de lo vivo: el metabolismo, el sustento sensorial, afectivo, sexual, material. Tan sólo se vuelven malignos cuando se separan de su camino natural, que sería, a la muerte del difunto, regresar a la tierra. Sin embargo si se trata de una muerte brutal, inesperada, y traumática en sí, los *Po* corren el riesgo de querer aferrarse a la vida. Y como no encuentran su camino de regreso hacia la tierra, bajo el aspecto de *Gui*, de espíritus malignos, parasitan a los vivos. Los rituales funerarios tenían, pues, para los antiguos chinos una importancia considerable, y no se les olvidaba nunca poner una estela en el lugar donde se había producido un accidente o una muerte violenta.

La obsesión es una patología mental reconocida en todas las culturas, civilizaciones y religiones antiguas.[7] En Indonesia, los curanderos que la tratan son los *dukun*, en Corea de Sur, los *mustang*, en África, los *fetichistas*, en América del Norte, en las reservas indias, los *chamanes*. Todos estos curanderos saben reconocer y tratar lo que ellos llaman, cada uno en su idioma, la «enfermedad de los antepasados»: el hecho de que el es-

6 Se pronuncia los «Kui».

7 Cf., para un análisis más completo de la obsesión en otras tradiciones: Didier Dumas, *Hantise et Clinique de l'Autre*, op. cit.

píritu de un muerto vuelva a establecerse como parásito en un ser vivo. La presencia de estos aparecidos siempre se explica por la naturaleza de su muerte. Ellos vuelven porque dicha muerte ha sido violenta, pero sobre todo inesperada, y por tanto al haberse producido antes de tiempo, el muerto sufre por no haber podido acometer el ciclo de su vida. No ha podido ni decir su última palabra, ni realizar sus propósitos más preciados, e intenta acometerlos tomando posesión del cuerpo de los vivos. Condenado a errar, atormenta a su descendencia sin poder alcanzar el estatus de antepasado protector.

En nuestra Edad Media, también se creía que los espíritus eran la causa de los trastornos psíquicos. En Occidente, ¿no eran acaso los curanderos y exorcistas los que atacaban a los «espíritus malignos»? En cierto modo, la genealogía está en todas partes y, para mí, la verdadera sorpresa fue descubrirla en el mito de Edipo, ¡en el cual ocupa un lugar casi tan importante como en la Biblia! Acababa de leer el libro de Marie Balmary, *L' homme aux statues*. El análisis que realiza sobre el mito de Edipo tiene un componente claramente genealógico, puesto que se remonta a la generación del padre de Edipo, Layo, para poner en evidencia la culpa paterna y el lazo de unión entre esa culpa y el destino de su hijo Edipo.

Ese día, me dirigía a visitar a Didier Dumas, al que ya consideraba como mi principal interlocutor en este campo.

—¿Cómo explica usted que Freud haya considerado del mito de Edipo, solamente la historia de Edipo propiamente dicha? –le pregunté–. La leyenda de ese hombre que mata a su padre y desposa a su madre no tiene el mismo sentido cuando pasamos a considerar la historia familiar de Edipo. El Oráculo que le predice a Layo que su hijo le matará ha sido consultado por un padre ofendido, el rey Pélope. Layo ha seducido a su hijo, Crisipo, y este último, por vergüenza se ha suicidado. El error de Edipo es primero el de su padre Layo. Sin ese error, Edipo no hubiera tenido el trágico destino que todos conocemos. ¡Él sólo paga los errores de su padre!

—Es difícil saber si Freud estudió o no profunda y detalladamente la totalidad de este mito. Sólo lo valora a partir de *Edipo rey*, la obra de Sófocles. Y si no se ha preguntado nada más es porque probablemente esa obra ya contenía elementos suficientes para rendir cuenta de lo que le interesaba: la dimensión infantil del deseo humano. *Edipo rey* deja en la sombra toda la genealogía de Edipo, pero para entender el destino parricida e incestuoso que fue el suyo, habría que remontarse bastante más atrás de lo que lo ha hecho Mary Balmary. La dimensión del deseo inconsciente está ciertamente, tal y como la ha visto Freud, bien presente en este mito. Pero el inconsciente que gobierna el destino de Edipo se presenta claramente como un inconsciente de linaje, que le concierne tanto a él como a su padre y a su abuelo. Puede que Freud no lo haya visto, pero Lévi-Strauss lo ha recalcado. Él subraya que los tres reyes de Tebas parecen sufrir una cierta dificultad para caminar derechos: Edipo significa «pies hinchados», Layo, su padre, «el zurdo» y Lábdaco, su abuelo «el cojo».[8]

Por tanto, la historia de Edipo es, en realidad, la de un hombre traído al mundo por un padre enfermo. Su destino incestuoso es la consecuencia de un fallo de la función paterna que concierne a todo el linaje paterno. Edipo, con apenas tres días, es abandonado por Layo su padre, colgado de un árbol por los pies, en el monte Citerón. La razón aparente de este abandono es la de burlar la predicción que le ha hecho el Oráculo de Apolo: si traía al mundo un hijo, éste le mataría. Pero es también, y sobre todo, la repetición de un escenario familiar que se remonta dos generaciones, y está ligado a un acontecimiento traumático ocurrido en la infancia del padre de Layo, el rey Lábdaco.

Durante la infancia de Lábdaco, se nombra regente a Nicteis, debido a la muerte prematura de su padre, el rey Polidoro. Pero Nicteis se suicida porque su hija Antíope ha sido seducida por Zeus y se ha fugado de casa, embarazada de gemelos. Antes del suicidio le hace prometer a su hermano Licos que le vengará. Cuando retoma la regencia, Licos captura a su sobrina y entrega a los dos gemelos recién nacidos a las bestias feroces, todo ello en el monte Citerón, como lo será Edipo. Es, por tanto, y en primer lugar en la infancia del abuelo de Edipo, el Cojo, donde se inventa y perfila el escenario para engañar al Oráculo y del cual vemos el verdadero origen. El mito ofrece una representación precisa del tormento sufrido por Layo en el momento en el que nace su hijo. Al traer al mundo a Edipo, Layo no actúa por un drama que tuvo lugar en su infancia. Está bajo la influencia de una tragedia que no ha vivido, puesto que ésta ocurrió en la infancia de su padre, el rey Lábdaco, pero la cual atormenta si cabe con más fuerza su genitalidad. El fantasma que obra en la locura de ese padre que abandona a un bebé colgado por los pies expuesto a las bestias feroces se remonta a un acontecimiento traumático que ocurrió dos generaciones antes, en la infancia de su propio padre. Ese trauma ha marcado la infancia del Cojo, el padre de Layo, quien ha tenido que soportar que un regente condene a

8 Claude Lévi-Strauss, *Anthropologie structurale*, Plon, 1974, pág. 237.

una muerte atroz a dos bebés inocentes, ¡en su nombre y sin que él pudiera hacer nada al respecto!

—Pero lo que usted me cuenta aquí -no puedo evitar preguntarle- ¿es acaso lo que piensan los psicoanalistas hoy en día? El libro de Mary Balmary no expone en absoluto este mito de la misma manera que usted. Expone en perspectiva la historia de Edipo y el error de Layo, su padre: su aventura homosexual con Crisipo, la cual se salda con el suicidio de este último. Pero no se habla ni de trauma ni de tormento. ¿Qué ocurre entonces respecto a la teoría de lo transgeneracional para el conjunto de la comunidad de analistas?

—No lo sé. En lo que respecta al mito de Edipo, es, *grosso modo*, en los años setenta y cinco cuando surge lo transgeneracional dentro de la literatura analítica, y es entonces cuando se empieza a considerarlo bajo ese ángulo. El primer artículo que puedo recordar que trate sobre la genealogía de Edipo es el de Jean-Claude Rouchy.[9] Fue publicado algunos meses antes que el de Marie Balmary. Pero lo transgeneracional no surge de una escuela. Francia ha sido, y es todavía, el hogar de la renovación del pensamiento freudiano, gracias a la proyección de Jacques Lacan y Françoise Dolto. Los primeros gérmenes de una nueva teoría del inconsciente se dibujan en la abundancia de pensamientos que han generado. En esa época los autores que comenzaron a conceptuar el análisis de lo genealógico no pertenecían a las mismas escuelas y ni siquiera se conocían entre ellos.[10] La teoría de la genealogía no descarta el inconsciente individual definido por Freud y Lacan, constitutivo de la inhibición, del olvido donde se han hundido las vivencias infantiles. Esta teoría va más lejos y considera que el inconsciente está también compuesto por el de los padres y los antepasados.

Esta innovación teórica conlleva importantes modificaciones en el protocolo del tratamiento. Según la teoría clásica, si el analista no habla, no afecta al desarrollo del tratamiento. Se trata entonces de reconocer los afectos que fueron reprimidos en la infancia, y es el sujeto, el analizante, quien en este caso, sobre todo, posee el devenir de su tratamiento. El hecho de que el analista se mantenga callado no supone ningún problema cuando se trata de explorar una vivencia olvidada. Por el contrario, cuando sus síntomas están provocados porque sus padres no han podido, o no

9 Jean-Claude Rouchy, «Un passé sous silence», *Édutes freudiennes* n.º 13-14, Denoël, 1978.

10 Nicolas Abraham, Maria Török, Monique Bydlowski, Didier Dumas, Jean Guir, Jean Guyautat, Lucien Mélèze y Alain de Mijolla (véase la bibliografía al final del libro).

han querido, hablarle de su propia vida pulsional, hay que buscar bien las palabras que, por defecto, los han provocado. Para conseguir esto, puede ser peligroso obstinarse en el silencio. Existe el riesgo de que su silencio, en este caso, redoble o refuerce el de los padres, y provoque, a cambio, que su cliente se sienta cada vez peor. Tener síntomas es uno de los medios de los que dispone él para señalar que el niño, en sí, continúa falto de palabras. Al amplificar sus síntomas, alimenta inconscientemente la esperanza de escuchar a su analista decir las palabras que no han salido de la boca de sus padres. Y, en el mejor de los casos, de esta forma, el tratamiento se vuelve interminable. El análisis de la genealogía invita, pues, al psicoanalista a que adopte otra actitud, la de asumir el buscar con su cliente qué dirección seguir para encontrar las informaciones que faltan.

El 5 de enero de 1949, Hermann Hesse, en su «Carta a un joven artista», escribía: «Lo único que cuenta es el hecho de que cada uno de nosotros es depositario de una herencia y portador de una misión: cada uno de nosotros ha heredado de su padre y de su madre, de sus numerosos antepasados, de su pueblo, de su idioma, ciertas particularidades buenas o malas, agradables o enojosas, ciertos talentos y ciertos defectos, y todo eso en conjunto hace de nosotros lo que somos, esa realidad única denominada J. K. en lo que te afecta. Ahora bien, cada uno de nosotros debe dar valor a esta realidad única, vivirla con todas sus consecuencias, conseguir madurarla, y finalmente sustituirla por un estado de perfección más o menos avanzado».[11]

¿Qué ha podido eliminar de nuestra cultura, tan erudita y tan moderna, este modo de pensar compartido generalmente por todo el mundo, hasta el punto de que se puede, sin exagerar, calificar de «universal» la teoría de lo transgeneracional?

¿Cómo se explica que el hecho de que la elevada tecnología de nuestra cultura o la ciencia, poco a poco, sean sustitutivos de la religión? Difícilmente se puede evitar plantearse la pregunta. Porque, ¿cómo aceptar que hemos podido perder, olvidar, o como lo hubiese dicho Freud, «reprimir», un conocimiento tan precioso en la salud de la vida?

En 1995, durante una entrevista en la cual me hablaba de su libro, *Dieu de l'univers*,[12] el investigador botánico Jean Marie Pelt, me dijo: «Las posibilidades que nos ofrecen las ciencias nos hacen creer que hemos domi-

11 Hermann Hesse, *Lettres (1900-1962)*, Calmann-Lévy, 1981.

12 Nina Canault, «La revanche du cerveau droit», en *L'Actualité religieuse*, separata n.º 6, septiembre de 1995.

nado la naturaleza. Esto deriva en una sociedad donde se está conscientemente orgulloso y encantado por los objetos y los aparatos tecnológicos, ¡aunque seamos inconscientemente esclavos de ellos! Se ha perdido la dimensión interior del ser en beneficio de los progresos puramente superficiales». En esta obra, no modera su crítica a la sociedad occidental, señalando, con el talento divulgativo que caracteriza sus numerosas obras, las aperturas que ven el día en la ciencia, en el corazón mismo de las teorías, en los modelos y en los conceptos científicos. Él ve sobre todo un «nuevo acercamiento del ser íntimo de la consciencia, este ser que rezuma de tantas obras científicas, al igual que un interrogante mal asegurado o una nostalgia incierta, incluso como una explicación posible y puntual de tal o cual cuestión que ha permanecido hasta ahora sin resolver.»[13] Desde su punto de vista, este nuevo amanecer de la ciencia estaba «completamente encriptado y era ajeno a la mayoría de los espíritus», por el poco interés que los medios de comunicación le atribuían. «He descubierto, con este último libro, un tremendo desajuste entre los medios de comunicación y la vida. ¡Ignorada durante largo tiempo por estos medios, mi obra, sin embargo, ha suscitado reacciones entusiastas en el público y en mayor número que en el resto de mis libros! Recibo llamadas, cartas, me aclaman en las conferencias, etc.»[14]

¿Es acaso el materialismo una mentira? Es lo que bien parece pensar Didier Dumas, quien un día me comentaba: «Decir que el materialismo transmite una mentira es simplemente reconocer que en la historia de las ideas, éste nos hace olvidar la importancia de la subjetividad. Freud nos ha dado una clave para entender al sujeto, enseñándonos que la sexualidad es el verdadero motor de nuestra evolución. Pero, como buen materialista, no se ha aventurado a explorar el lugar correspondiente a la psique de nuestros antepasados en la constitución de la nuestra. Ya que, considerar que las transmisiones de inconsciente a inconsciente pueden existir, es reconocer la existencia de la telepatía. Lo cual es inaceptable dentro de la doctrina materialista. Freud se explicó acerca de ello, precisamente, en sus intercambios de correspondencia con Lou Andreas-Salomé, dado que le escribía que no quería tratar sobre ese tipo de cosas por miedo a ser tachado de "mistagogo".[15] Él construyó su teoría en una época en la cual lo místico estaba mal visto. Esto es algo que caracteriza a nuestro siglo. En el

13 Jean-Marie Pelt, *Dieu de l' univers*, Science et foi, Fayard, 1995, pág. 119.

14 Nina Canault, op. cit.

15 Los mistagogos eran religiosos de la Grecia antigua. Se iniciaban en los misterios sagrados.

siglo XIX, todavía no se ha inventado la barrera infranqueable que separa lo científico de lo religioso. Sólo se radicaliza a principios del siglo XX. El físico Gustav Fechner, de quien Freud toma su teoría del sueño y la de la pulsión de muerte, no tuvo en su época, ningún problema por ser físico y gran místico a la vez».

A principios de nuestro siglo, efectivamente, se impone una nueva creencia, al mismo tiempo que se constituyen los primeros organismos de investigación: la creencia en un mundo compuesto únicamente de materia, un mundo comparable a una inmensa máquina que, potencialmente, sabríamos medir y comprender en toda su extensión. Es un universo sin misterios que propone ahora la ciencia, un universo por definición, completamente inteligible. Pero, en este mismo principio de siglo, aparece la mecánica cuántica, cuyas consecuencias filosóficas son más apreciadas hoy en día, gracias a la reflexión de físicos como Bernard d'Espagnat, Olivier Costa de Beauregard o Régis Dutheil.[16] Ahora bien, parece que la mecánica cuántica le pone fin al efecto de la inteligibilidad. Como teoría más llevada a la práctica por la física (y reconocida como tal por la comunidad científica), ni siquiera pretende ser capaz de describirnos el mundo tal y como es. Dicha teoría manifiesta no poder informarnos sobre la manera como nuestro espíritu puede abordar este mundo, y no sobre el mundo en sí mismo.

No podría, en este momento, entrar en la diferencias de los puntos de vista de estos eminentes científicos. Retomaré sencillamente lo que Bernard d'Espagnat, con ocasión de una entrevista, me declaró en junio de 1995.[17] Le había preguntado:

—Las ciencias pretenden mostrarnos la realidad tal y como es, independientemente de nosotros mismos, la realidad objetiva. Sin embargo, es esa realidad y esa objetividad las que son cuestionadas hoy en día, en el mismo corazón de la ciencia, en la física. ¿Por qué?

—Antaño me parecía de lo más normal suponer que alcanzábamos el conocimiento de las cosas de forma efectiva. Para mí era la explicación más sencilla del buen funcionamiento de nuestra ciencia. Es también, en la vida corriente, la explicación que le damos a todo. Si se consigue tal acción es porque la hemos visto tal y como es realmente. Por consiguiente, he abandonado ese punto de vista por razones que se basan en la propia física, concretamente en la física contemporánea. Muchos filósofos di-

16 Cf. la bibliografía al final del libro.

17 Nina Canault, «Le possible mystère», en *L'Actualité religieuse*, separata n.º 6, septiembre de 1995.

rán que no es posible que la física sea una teoría «ontológica»,[18] es decir, que describa las cosas tal y como son porque la realidad es inalcanzable. Y que hablar de algo desconocido no tiene ningún sentido. Es, sin duda, una manera de contestar, ¡pero que no depende en absoluto de la física! Personalmente creo que la noción de realidad, de ser, de lo que existe, es una noción fundamental, de la cual no nos podemos alejar.

—Y, sin embargo, abandonó la idea de que la física fuera capaz de alcanzarla. ¿Por qué motivo?

—La física anterior a la mecánica cuántica, es decir, la física «clásica», describe el mundo macroscópico, la realidad física que nos rodea a diario, esencialmente en términos de objetos, de miríadas de moléculas, de átomos, interactuando por medio de fuerzas que pueden ser importantes cuando los objetos están próximos, y que se debilitan a medida que los objetos se alejan unos de otros. El mundo de la física clásica supone necesariamente poseer una fuerte objetividad. Dicho de otra manera, se supone implícitamente que los objetos en cuestión existen realmente y que les pertenecen las propiedades que se les descubren. Los enunciados de la física clásica pueden ser entendidos así, salvo algunas excepciones.

La física cuántica, que es la ciencia de las propiedades de los átomos y de las partículas subatómicas, pone fin a esa objetividad. Cuando tomamos una medida de una partícula, perturbamos el sistema que estamos estudiando [...]. La mecánica cuántica también consta de algunos axiomas de base, considerados como objetivos por todos los científicos, pero que son presentados como: «si se hace esto, se observa esto» y entendiéndose que el «se» designa a cualquier persona. Así pues, dichos axiomas tienen más bien una conducta de predicción y no la de una descripción de la realidad tal y como es. Por eso yo los llamo enunciados con «objetividad débil». No se les puede interpretar como descriptivos de la realidad tal y como es.

—¿Usted no acepta el materialismo, el cual, desde su punto de vista, ha perdido credibilidad con la llegada de la mecánica cuántica?

—[...] Mantengo el razonamiento siguiente: supongamos por hipótesis que la realidad se puede describir a través de la física, y veamos dónde nos lleva esta tesis de la inteligibilidad de la realidad, tan preciada por los materialistas. La única física que supuestamente puede describir esa realidad es la de Newton o la de Aristóteles. Volvamos a la física contemporánea, a la física cuántica. Es en ella donde se descubre que algunos axiomas

18 Una teoría ontológica es una teoría del ser, de su naturaleza, de sus propiedades.

de la mecánica cuántica tienen objetividad débil; y por consiguiente no describen la realidad. Lo cual me lleva al conocimiento de que la realidad no se conoce verdaderamente tal y como es. El *realismo abierto* que yo propongo consiste en consignar, como postulado, que la noción de realidad tiene un sentido, *aunque no haré ninguna hipótesis sobre la naturaleza de esta realidad.*[19]

Dos años después, cuando Bernard d'Espagnat fue entrevistado por Jean Staune[20] acerca de esa *realidad velada*[21] que se zafa de los físicos, Bernard diría: «La verdadera realidad se sitúa más allá de la física, más allá de las percepciones que podemos sentir, por encima de las medidas que podemos realizar con los instrumentos existentes más perfeccionados o que podamos realizar en un futuro». Según él, podemos intuir esa realidad de otra forma completamente diferente a la científica: es «la idea de que cada individuo puede intimar con algo que sencillamente no tiene un orden biológico o psicológico, algo que no es una ilusión», pero que «no se puede nombrar» por el hecho de que «no hay palabras para describirla» y de que «la profundidad del la realidad» es inabordable.

Así, el misterio de la vida y de lo mental que asegura la animación se ve reintroducido de nuevo por lo que parecía que lo había separado para siempre: la ciencia. Y, dentro de la ciencia, por la disciplina en la que un cambio súbito de opinión parecía más improbable, la física. De ahora en adelante ya nada prueba que el mundo solamente está hecho de materia.

«La ciencia quiere dominar el mundo, como si la comunidad científica no tuviera también un inconsciente», me reveló una vez Jean-Paul Trapp, un analista psicogenealogista. Me vi forzada a reconocer que todo lo que me había enseñado el periodismo científico rozaba esos límites.

Esta profesión ha sido durante mucho tiempo para mí un instrumento con el cual he buscado respuestas a preguntas de mi niñez. Pero también he despreciado durante mucho tiempo todo aquello que no pertenecía al estricto registro de la ciencia objetiva. El descubrimiento del psicoanálisis transgeneracional me ha enseñado que existen investigaciones subjetivas apasionantes y fundamentales y que, por pretender separar a toda costa lo subjetivo de lo objetivo, como quien separa el buen trigo de la paja, la

19 El subrayado es mío.

20 «La matière en question», entrevista de Bernard d'Espagnat, *Nouvelles Clés*, invierno, 1997.

21 Bernard d'Espagnat, *Le réel voilé*, Fayard, 1994.

ciencia oficial ha llegado a defender un dogma tan rígido como el de las religiones.

La teoría de lo genealógico parece corresponder a un conocimiento perdido por nuestra cultura. Un conocimiento recubierto por una gran inhibición en la cual el espíritu ha sido limitado por el materialismo. Lo trangeneracional está en la base de nuestra cultura. Lo hemos podido ver, nuestros mitos, todos los que constituyen la cuna cultural de Occidente, llevan su marca, ya sean bíblicos o griegos. El fin de esta obra es el de resaltar los elementos, como el principio genealógico, que se aplican en de una existencia sobre todo individual aunque algunas veces también colectiva. Para ello he entrevistado a investigadores, hombres y mujeres, quienes, cada cual en su campo, han tenido que descubrir y conceptuar lo trangeneracional. El conjunto es esencialmente un resumen de lo que he aprendido con ellos.

Comienzo por Didier Dumas, pues a raíz de un encuentro con él surgió en mí el deseo de investigar sobre este tema. El segundo capítulo define lo que es un *fantasma*, a partir de los trabajos de Nicolas Abraham y Maria Törok, que son los inventores. A ello he añadido las «pesadillas genealógicas» a las que hace alusión Nathalie Zajde, psicóloga e investigadora universitaria y que trata de los descendientes de los supervivientes del holocausto, así como los de la psicoanalista Anne Ancelin Schützenberger, quien se preguntó sobre las consecuencias del peso de la Historia con mayúscula en el inconsciente y el destino familiar. El tercer capítulo trata de la difusión de los conceptos de Abraham y de Törok en algunas terapias. Presenta una terapia con un estilo nuevo, la psicogenealogía, dando la palabra a uno de esos nuevos practicantes, Carole Labédan. El cuarto capítulo trata de una modalidad peculiar de la repetición genealógica: la repetición de cifras y fechas, todo a través del testimonio de médicos y clínicos: la doctora Monique Bydlowski, el profesor Ghislain Devroede, así como Anne Ancelin Schützenberger, quienes han estudiado dichas repeticiones en un marco hospitalario y, de esta forma, han podido subrayar lo que la doctora Joséphine Hilgard llamó en 1953 el *síndrome del aniversario*. El capítulo cinco cede la palabra a Willy Barral, un psicoanalista de niños formado por Françoise Dolto, que nos demuestra que lo transgeneracional es, en casos clínicos de niños, una «evidencia simbólica». El capítulo seis está dedicado a lo femenino, a la sexualidad de la mujer y su dimensión transgeneracional, tal y como las concibe a través de su consulta la doctora Danièle Flaumenbaum, ginecóloga y acupuntora. Y para concluir este libro, el capítulo siete trata sobre la función paterna que es, hasta el momento en el cual escribo estas líneas, el tema en el que está trabajando Didier Dumas. Este último demuestra que esta función es una instancia transgeneracional que implica tres generaciones de padres que asumen su rol, con el fin de poder así existir plenamente y asegurar la salud de sus linajes.

capítulo 2

El fantasma y sus manifestaciones

Según Anne Muxel, socióloga del CNRS, que está interesada por la memoria familiar: «Las partes de la memoria y el olvido entre las dos ramas de una misma familia no son iguales jamás. Un linaje predomina casi siempre sobre el otro, tanto si el olvido ha vencido primero a lo más negligente o a lo menos significante, o que se haya puesto al servicio de ocultaciones voluntarias de secretos de familia insalvables».[1] Anne Muxel presenta un ejemplo que la concierne: el borrado de los relatos de la familia, de un bisabuelo paterno, muerto prematuramente de alcoholismo. Sus descendientes inmediatos no hablan jamás de ese hombre, los nietos se topan con su silencio. Sólo queda de él un retrato guardado en el desván. Al buscar su tumba en compañía de su padre y de sus hijos, en el pequeño cementerio suizo donde estaba enterrado fue cuando Anne Muxel descubrió que «la familia no había renovado la concesión del cementerio», el bisabuelo en cuestión había sido borrado «por segunda vez», sin que ella ni su padre lo hubieran sabido. Las «ocultaciones voluntarias» o «los secretos insalvables de la familia» que Anne Muxel constata en su investigación sobre la memoria familiar son los que el psicoanálisis teoriza a partir de entonces con el término de «fantasma». Como precisa Nicolas Abraham en la revista *Études freudiennes* en 1975, donde definió este concepto, los fantasmas «no son los fallecidos que vienen a aparecerse, sino las lagunas dejadas en nosotros por los secretos de los demás».

1 Anne Muxel, *Individu et mémoire familiale*, Nathan, 1996.

Tres años más tarde, en colaboración con Maria Törok, publica una serie de artículos contenidos en un libro titulado *L'écorce et le noyau* ».[2], que después de una quincena de años acotan un conjunto de hechos clínicos en los que la teoría freudiana no puede rendir cuentas. Estos hechos, los reunieron según las categorías completamente nuevas en la clasificación psicoanalítica de las patologías, las de *cripta* y *fantasma*. Y a través de este libro, el *fantasma* se convirtió en el concepto utilizado más comúnmente por los clínicos de la genealogía, independientemente de sus orígenes o sus apegos profesionales. El concepto de *fantasma* se presenta como un concepto unificador que requiere un tratamiento especial en la metapsicología[3] freudiana.

Nicolas Abraham y Maria Törok reintroducen toda una serie de preguntas sobre un tema, la muerte, que la literatura freudiana aborda sobre todo a partir del duelo y de las patologías. Para ellos, cuando la muerte de un ser querido se acompaña de un recrudecimiento del deseo sexual, señala la constitución de una *cripta*. Esta observación ya fue revelada en 1922 por un psicoanalista de la primera generación, Karl Abraham, discípulo de Freud, que, en su correspondencia con Maître, la menciona con la esperanza de captar su atención. Pero sin éxito. Maria Törok pone de relieve esta observación, en un artículo titulado «Maladie du deuil et fantasme du cadavre exquis».[4] Ella afirma que «cierto aumento de la libido durante el fallecimiento del objeto sería un fenómeno extendido, por no decir universal», y nombra ese fenómeno, sobre el que volveremos en el capítulo dedicado al síndrome del aniversario, la *fiestamanía*. Hablando claro, la muerte brutal de un padre, de un hermano, de una madre, puede poner en ebullición la sexualidad del que o de la que sufre esa pérdida. Para gran vergüenza suya, porque, ¿cómo podemos, en un momento así, tener semejante deseo? «Jamás me perdoné una cosa –admitió una paciente en el diván de su analista–. El día de la muerte de mi padre tuve una relación con mi marido. Fue la primera vez que conocí el deseo y la satisfacción. Poco después, nos separamos».[5] Este acontecimiento vivido en la vergüenza se convierte en inconfesable. Además, constata Maria Törok, hunde a la persona en un «duelo patológico»: una «enfermedad del duelo». El doloroso trabajo que todos los que están de luto deben hacer

2 Nicolas Abraham, Maria Törok, *L'écorce et le noyau*, Aubier-Montaigne, 1978.

3 La metapsicología es la teoría que da cuenta, en la obra de Freud, de las estructuras del inconsciente.

4 Maria Törok, *Revue française de psychanalyse*, XXXII, 4, 1968.

5 Nicolas Abraham, Maria Törok, *L'écore et le noyau*, op. cit., pág. 232.

para integrar psíquicamente la desaparición del ser querido está entonces bloqueado, porque al dolor del duelo se asocian la molestia y la vergüenza de una vivencia orgásmica reprimida.

La *cripta* es la negación de lo que es. No es el resultado de la inhibición del deseo como en la histeria, es más bien el efecto de una negación de la realidad, de la realidad de la satisfacción sexual obtenida a la muerte de un ser amado. «En la histeria, un deseo nacido de lo prohibido busca, dando vueltas, su camino y lo encuentra en las realizaciones simbólicas, aunque según el criptóforo, es un deseo ya realizado y sin vuelta que se encuentra enterrado, incapaz de renacer, tanto como de convertirse en polvo.»[6] El *fantasma* define, él mismo, la forma en la que un individuo puede estar atormentado por el secreto de un antepasado, del cual por tanto ignora todo.

Nicolas Abraham asocia así la noción de *cripta* a la de *fantasma*: «Si el fantasma no está ligado a la pérdida de un objeto, no sabrá que procede de un duelo no hecho. Éste será sobre todo el caso del melancólico o de todas las personas que llevan una tumba sobre ellas. Es a sus hijos o a sus descendientes a quienes les tocará el destino de comprobar, bajo las especies del aparecido, tales tumbas escondidas. Ya que son ellas, las tumbas de los otros, las que vuelven a aparecerse».[7] Dicho de otro modo, lo que en una generación se forma como *cripta*, se convertirá en *fantasma* por medio de las transmisiones inconscientes en la generación siguiente. Para él, «el fantasma es una formación del inconsciente que tiene la particularidad de no haber sido consciente jamás» y que resulta «del paso –cuyo modo queda por determinar– del inconsciente de un padre al inconsciente de un hijo».[8] Generalmente él parasita la vida fantasmal barnizándola de ideas extrañas, descabelladas y absurdas. Pero para Nicolas Abraham, «las imaginaciones inducidas por la presencia del extraño (entiéndase *fantasma*) no tienen ninguna relación con la fantasía propiamente dicha». «Dentro de su gratuidad por la relación con el sujeto», dan la impresión de «subrealidades fantasmagóricas.»[9] Es decir, que no se puede comprender al *fantasma* sin haber explicitado antes este aspecto de la vida psíquica que es la vida fantasmal. Entonces, volví a entrevistarme con Didier Dumas para que me explicara cómo se constituyen las fantasías sexuales.

6 Ibíd., pág. 255.
7 Ibíd., pág. 427.
8 Ibíd.
9 Ibíd.

Fantasías sexuales y fantasmas

«Las fantasías se forman en la edad edípica, entre los dos y los siete años, y con lo que los padres no cuentan de la sexualidad y de la muerte -me respondió Didier Dumas–. Esto comienza desde los tres años, cuando el niño pregunta todo sobre este tema: "¿Qué es esto? ¿Qué es esto?". A esta edad, no deja de producir en su cabeza imágenes mentales. Si encuentra un objeto que no ha visto nunca antes, pregunta qué es. Sus padres le responden "una farola" y es entonces cuando relaciona la imagen de la farola con la palabra que representa ese objeto en el lenguaje. Pero si el niño pretende hablar de alguna cosa que no tenga ninguna realidad material, como el tiempo, el amor o la muerte, interrumpe igualmente a sus padres, ya que le hace falta verificar que las "imágenes mentales" de su cerebro, asociadas a las palabras "tiempo", "amor" o "muerte", corresponden realmente al sentido que el lenguaje da a esas palabras. Entonces, si sus padres no le responden, ya sea porque son incapaces, o porque eso les molesta, o porque la palabra sobre la que el niño pregunta les evoca demasiado crudamente la sexualidad, el niño se encuentra con imágenes en la cabeza que no puede asociar a ninguna representación de palabras. Así es como todas las imágenes asociadas al sexo y a la muerte se estancan en su aparato psíquico. En ese momento no sabe qué hacer. El silencio de sus padres ha esteriotipado las preguntas que hace en esas *imágenes mentales* a las cuales no puede dar sentido. Éstas le persiguen con la insistencia de las preguntas a las cuales no se puede responder.

Entonces, el proceso se parece al que se observa en la neurosis traumática. En esta última, el traumatizado sólo puede soñar con lo que ha interrumpido súbitamente su movilidad mental: su traumatismo. En la edad edípica, el niño es igualmente perseguido por imágenes a las que no puede dar sentido. Ahora bien, para remediar esto, su cerebro tiende a volver a poner en movimiento esas imágenes. Es lo que hace la noche con los sueños. Los removiliza inscribiéndolos en un "tiempo inventado", es decir, en un escenario. He aquí por lo que, en la edad adulta, las fantasías sexuales tienen siempre la forma de un escenario. Su construcción se remonta a la edad edípica. Y si las personas no llegan, la mayoría de las veces, a entender sus fantasías sexuales es simplemente porque son lo que sobrevive a las preguntas que sus padres no les pudieron responder. Las imágenes fantasmales no son más que preguntas del niño que no han encontrado respuesta en su momento, y la primera causa de la transmisión de un *fantasma* es la necesidad que tiene el niño de construirse.

Cuando un *fantasma* se transmite en el seno de una familia, los padres sólo son responsables de su omisión, en la medida en la que han mantenido el secreto de un acontecimiento que les traumatizó, ellos mismos o sus propios padres. El *fantasma* es siempre la consecuencia de un acontecimiento familiar en el que ha estado implicado el sexo o la muerte de manera traumática, una violación, un incesto, un encarcelamiento o un crimen; un acontecimiento que se haya mantenido en secreto o se haya enmascarado en explicaciones falsas. Los secretos de familia son siempre los que engendran los *fantasmas*, pero si bien éstos se pueden transmitir de una generación a otra, eso proviene de una actividad psíquica propia del niño, a la que los psicoanalistas llaman *identificación*.

Así, los individuos obligados a construirse en una ausencia total de palabras sobre la sexualidad y la muerte, se encuentran con las fantasías en las que las imágenes no provienen de las que han comprendido, en la edad edípica, de la sexualidad, sino de las que han captado de manera telepática, del inconsciente de sus padres. Todos los niños son telépatas y la *identificación* no es un proceso consciente; es una duplicación mental que en su origen es inconsciente. Para comprender lo que es una fantasía, es preciso primeramente preguntarse cómo comienza a hablar un niño, casi de un día para otro, el idioma de sus padres. No lo aprende en el sentido de un aprendizaje escolar, descomponiendo las palabras o grupos de palabras. ¡Copia de la forma de hablar de sus padres, sus expresiones favoritas, sus tics de lenguaje y las entonaciones con las que se expresan! De esta manera, duplica la estructuración mental de ellos y es así como puede integrar inconscientemente todo tipo de zonas sombrías, de cosas que ellos esconden o no quieren saber. Así es como el niño puede "importar" dentro de su propio psiquismo una historia olvidada o cualquier otro secreto de familia que hayan reprimido inconscientemente. Y si eso concierne a un secreto de familia que implique la sexualidad o la muerte, esta duplicación podrá permanecer mucho tiempo inconsciente y no manifestarse más que en la edad adulta, a través de un comportamiento sexual aberrante o cualquier otro problema. He aquí lo que es un *fantasma*. Si la *identificación* con los adultos tutelares no implica ningún proceso inconsciente no existirá el *fantasma*. Sólo se transmite en la medida en que el niño lo retome, y eso a partir de los procesos mentales necesarios para su construcción.»

Las pesadillas genealógicas

Nathalie Zajde, que es psicóloga e investigadora universitaria, está interesada en los *fantasmas* de la última guerra. En una investigación sobre los descendientes de los supervivientes del holocausto, estudió cómo los horrores ligados a la exterminación nazi se transmitían en el seno de las familias, a la generación siguiente, según los niños deportados. Ella constata que en los descendientes de nazis son igualmente reconocibles los mismos problemas.[10] Cita los trabajos de Peter Sichrovsky, un periodista austriaco, que se interesó por los hijos de las víctimas judías de Austria y de Alemania, así como por los hijos de nazis. Los entrevistados, dice ella, «están atormentados por un pasado obstinado y nefasto», como si «la población consultada por Sichrovsky fuera una generación heredera de la carencia y de la desgracia y que todas sus preocupaciones, todos sus afectos dependieran de ello». El estudio de Nathalie Zajde es una valiosa fuente de información para el tema que no ocupa. Rinde cuenta del trabajo hecho por los psiquiatras con los deportados, no sólo del otro lado del Atlántico, sino también de Israel y de Europa del norte. Entre los síntomas que ella misma encontró en las conversaciones con los hijos de supervivientes, las pesadillas eran muy frecuentes. Veamos el ejemplo de Corinne: «Desde muy pequeña, Corinne tenía pesadillas que están directamente ligadas a la persecución vivida en la guerra. Siempre está perpleja por la naturaleza de las pesadillas y no comprende por qué, a pesar de haber sido criada en la alta burguesía judía con total seguridad, se ve asaltada habitualmente por terrores insuperables durante su vida nocturna». Corinne se pregunta «si los no judíos sueñan con la guerra». Ella piensa que «es una locura no haber vivido jamás la guerra y tener sueños tan precisos».[11]

¿De dónde vienen esas pesadillas?, se pregunta Nathalie Zajde. ¿Los traumas sufridos por sus padres echan raíces en el inconsciente del niño en el momento en el que ellos narran los acontecimientos abominables que han tenido que atravesar?

Pero, ¿cómo explicar, en este caso, las pesadillas que asaltaban a Marc desde que era pequeño teniendo en cuenta que sus padres no habían comentado jamás el holocausto delante de él? «Marc se sorprende de sus propias pesadillas: sus padres habían comenzado recientemente a hablarle del pasado y, sobre todo, no recuerda jamás que le hayan contado las escenas atroces que han atormentado las noches de su infancia [...]. Sin haber escuchado jamás a sus padres contar ni la más mínima escena de horror, él

10 Nathalie Zajde, *Souffle sur tous ces morts et qu'ils vivent!* Prólogo de Tobie Nathan, «La pensée sauvage», 1993, pág. 193.
11 Ibíd., pág. 241.

tiene la impresión de haber vivido en un "ambiente y una atmósfera muy densas" desde su más tierna infancia».[12]

El trauma de guerra es igualmente central en las investigaciones a las que se consagra después de algunos años la psicoanalista Anne Ancelin Schützenberger. Esta anciana resistente que ha conservado un recuerdo vivo de la clandestinidad y de las luchas de los maquis donde, al igual que su esposo, ella se enfrentó, durante la última guerra mundial, ha podido constatar el peso que representa la Historia en el inconsciente del destino familiar. Las campañas militares, los bombardeos, las ejecuciones, las masacres, más aún los usos y costumbres de la época, los acontecimientos, incluso anecdóticos, de la realidad de cada año de guerra, son en sus manos, asombrosos elementos indispensables para hacer salir las fisuras que, según un cliente, afectan a su filiación y le señalan un *fantasma.*

Nos vimos por primera vez en mayo de 1997. Su libro, *Mis antepasados me duelen*, un best-seller inesperado del que se vendieron más de 40.000 ejemplares, me había apasionado. Su manera de trabajar la genealogía de sus pacientes para articular los acontecimientos históricos y el contexto cultural y social abría unas perspectivas que no había encontrado en ninguna parte. Por otro lado, sabía que era la esposa de un científico de talento, Marcel-Paul Schützenberger. Yo había podido apreciar la determinación llena de humor de este hombre, durante un debate caluroso, en 1994, acerca del darwinismo,[13] en el que defendía resueltamente varias tesis. Médico, matemático apasionado por las teorías de la información, y miembro de la Academia de las Ciencias, Marcel-Paul Schützenberger probablemente no era ajeno a la orientación que tomó la carrera de su esposa, Anne Ancelin. Yo conocía sobre todo sus intervenciones en el campo de las ciencias «duras» (matemáticas, teorías informáticas, biología y evolución). Lo más emocionante para mí fue descubrir, contado por su esposa, durante la conmemoración del aniversario de su muerte,[14] su inmenso interés por las ciencias humanas. Siendo aún un joven científico, le enseñó los recursos de la sociometría, disciplina aún poco conocida en Francia, que había contribuido a formalizar con la ayuda de la herramienta matemática.[15] Funda-

12 Ibíd., pág. 261.

13 «Les évolutions de l'Évolution», coloquio en el Senado de la universidad interdisciplinaria de París, el 4 de junio de 1994, organizado por Jean Staune y Jean-François Lambert.

14 Homenaje público rendido en el Senado, el 28 de junio de 1997, por la universidad interdisciplinaria de París.

15 Marcel-Paul Schützenberger, «Étude statistique d'un problème de sociométrie», *Gallica biologica Acta* (1948).

da por Jacob Levy Moreno durante la guerra, la sociometría estudia desde un punto de vista cuantitativo y experimental, las relaciones humanas en grupos o poblaciones. Pone de relieve los roles que tenemos con respecto a nuestro entorno directo y de la sociedad. Son los roles que interroga por la terapia del *psicodrama*, la herramienta predilecta de Anne Ancelin Schützenberger. Ella trabajó durante mucho tiempo con Jacob Levy Moreno, psiquiatra y sociólogo, quien fundó la terapia en los años 1920. El psicodrama consiste «en representar su vida en el escenario psicodramático», es decir, reconstruir, en un escenario terapéutico, una situación personal histórica real o una situación imaginaria importante.

Ahora bien, Anne Ancelin Schützenberger tiene una larga carrera clínica y universitaria,[16] consagrada a practicar, enseñar y difundir el *psicodrama* y la *dinámica de grupo* en todo el mundo. Aunque ella ha elegido ser terapeuta más que científica (sus investigaciones científicas, a base de estadísticas, han sido poco difundidas), yo estaba muy sorprendida de conocer, a través de ella, la misma insistencia que en su esposo para examinar las formas de transmisión de la información que entran en juego en la organización y la supervivencia de los vivos. «Me pregunto –me dijo ella– cómo se puede tener imágenes "fotográficas", es decir extremadamente precisas, con sus luces, olores y escalofríos, de traumas que no han sido vividos y que no han sido contados.» Acababa de hablarme largamente de casos de traumas transgeneracionales que tenían como origen la guerra.

Anne Ancelin Schützenberger trabaja sobre la herencia genealógica individual en grupos de cuatro a seis personas, que duran dos o tres días: «Cada uno, por turnos, habla de su familia describiendo los acontecimientos memorables de su historia sobre una hoja grande de papel. Construye su árbol genealógico, comentado y enriquecido con los acontecimientos de la vida, el *genosociograma*. *Genosociograma* viene de "genealogía" y de "sociograma" (representación de los vínculos, de las relaciones). Es la construcción gráfica y de memoria, sin documentos ni búsqueda previa de información, de su árbol genealógico, con sus hechos destacables, los acontecimientos importantes de la vida, los lazos afectivos, las repeticiones y rupturas, del sujeto con su entrono y con los diferentes personajes de su historia familiar. Por ejemplo, se mencionará quiénes viven bajo el mismo techo o comen del mismo puchero, quién cría a los hijos de quién, quién reemplaza a quién en la familia, cómo se hacen las repartos, quiénes salen favorecidos

16 Anne Ancelin Schützenberger es profesora emérita en la universidad de Niza.

o perjudicados, etc.». Esta construcción simultáneamente se habla y se dialoga con el terapeuta.

Es, pues, un árbol en parte «imaginario», en el sentido de que se no busca reconstruir la historia familiar tal como se produjo con toda objetividad, sino la que se lleva en uno mismo, consciente e inconscientemente. Esta historia presenta los «agujeros» o los «no-dichos» que el trabajo con el terapeuta intenta subsanar. Confrontado a eso que está grabado en la memoria familiar, se hace posible construir una representación nueva, inédita, de su historia familiar, donde la mirada que se tiene de los personajes que la componen se encuentra bastante modificada. En la puesta a punto del *genosociograma*, Anne Ancelin Schützenberger y su cliente alternaban relatos personales y cambios activos.

¿Por qué practica el *genosociograma* preferentemente en grupo? Porque, para ella, el grupo tiene una función de «resonancia». No somos para nada individuos totalmente aislados unos de otros. Nos «bañamos» en un contexto psíquico más amplio, que actúa en el contexto familiar o en contexto social. Al retomar el punto de vista de Moreno, Anne Ancelin Schützenberger considera que existe un *co-inconsciente grupal*, al igual que existe un inconsciente familiar, y este inconsciente se pone manos a la obra cuando las personas trabajan juntas en los grupos de *genosociograma*, en gran provecho de cada uno de los participantes.

La otra herramienta sobre la que se apoya es su conocimiento de la *comunicación no verbal*. Dice que es la expresión de lo vivido a través de la utilización del espacio y del lenguaje del cuerpo lo que le permite ayudar a un participante a tomar consciencia de su trauma y a elaborarlo. «Es lo que los americanos llaman "huidas" *(leakage)*, los lapsus gestuales: una postura, un gesto que habla, por ejemplo una mano que se coloca alrededor de la garganta y acompaña una emoción visible. O incluso los *artefactos*, como llevar sistemáticamente una bufanda.»

Le pedí que me explicara qué era para ella la *comunicación no verbal*, y dónde y cómo la había aprendido.

—Es un largo periplo, ¿sabe? En *psicodrama*, en la técnica del doble, se imitan los gestos, la postura, el ritmo respiratorio del sujeto que trabaja para identificarse con él. Comencé así. Pero había trabajado también con Margaret Mead y Gregory Bateson esta forma particular de comunicación. Por otro lado, Françoise Dolto me había enseñado a poner mucha atención a todo lo que concierne al cruce bucofaríngeo, a la constricción de la garganta, y a los ruidos tales como el carraspeo o los cambios del ritmo respiratorio. Sin embargo, las investigaciones en *comunicación no verbal* han surgido en esencia de la escuela de Palo Alto,[17] de Gregory Bateson. Se filman los grupos y las familias, en sesión terapéutica, y se los analiza. ¡Schefflen me hizo analizar las sesiones de psicoterapia repasando la misma secuencia sesenta veces seguidas! Y entonces, sí, se comprobó: las posturas, los gestos, los movimientos del cuerpo, la tensión muscular, la respuesta espontánea, toda una variedad de expresiones corporales. Por ejemplo, la expresión involuntaria de los sentimientos a través de una mímica, un cambio de miradas, un gesto de irritación. Mi primer artículo sobre la *comunicación no verbal* es de 1962. Pero, en 1976, dediqué mi tesis doctoral a este tema. ¡Observé y analicé completamente los grupos que había como si llevara una cámara en el ojo y un faro en la mirada! Siempre miro a una persona cuando habla y estoy atenta a ese *lenguaje del cuerpo* que me informa de la manera involuntaria –y por tanto inconsciente– que tiene ese individuo para comunicarse.

—Y, ¿cómo hace la distinción entre un trauma que proviene de la vida individual y un trauma transgeneracional? ¿Se hace patente este último por una expresión corporal especial?

—Me gustaría responderle que «un tren puede esconder otro tren», dicho de otra manera, que con mucha frecuencia, detrás de un trauma personal hay otro anterior y familiar. A menudo pido a mis clientes que hagan sus investigaciones complementarias en los archivos familiares, o en la guía de teléfonos, o a través de su familia para completar sus informaciones. Y en este aspecto, algunas veces, el trabajo sobre el *genosociodrama* puede actuar más en profundidad sobre el psiquismo que un análisis.

—Según Nicolas Abraham y Maria Törok, el análisis de un *fantasma* es un trabajo de largo recorrido. Cuando la leí a usted, encontré que el *genosociograma* permitía, por el contrario, un trabajo de corta duración. Y sin embargo, usted se refería a estos dos autores cuando hablaba del *fantasma*, ¿no es así?

—Sí, exactamente. Pero lo que sucede es que he conocido personalmente a estos dos psicoanalistas. Sin duda, hay dos cosas que he integrado de ellos, sin darme cuenta, y quizá también a la inversa. En esta misma sala en la que estamos, tuve un grupo de trabajo que se reunía los jueves y al que asistían Nicolas Abraham y Maria Törok, mucho antes de que escribieran su libro *L'écorce et le noyau*, en el cual el *fantasma* se convirtió en un concepto clínico. Intercambiamos muchas experiencias y, sobre el

17 Palo Alto, pueblecito en los alrededores de San Francisco (California), donde nació, en el seno de un movimiento de terapeutas (Gregory Bateson, John Weakland, P. Watzlawick), la terapia familiar «sistémica».

fantasma, hay cosas que probablemente se me transmitieron de esa manera. Estaba estudiando el doctorado en «psico» al mismo tiempo que Maria Törok. Asistíamos todas las semanas al mismo seminario, el de la psicoanalista Juliette Favez-Boutonier, profesora de psicología en la Sorbona.

—Y, ¿cómo explica usted las pesadillas genealógicas?

—No las explico, simplemente constato que existen. Podríamos hablar de «identificación inconsciente», de «lealtad invisible», de «acumulación psicológica y psicosomática de angustia y del dolor sufrido», o de «obsesión por un trauma pasado», según las hipótesis de diferentes autores que están interesados en el aspecto teórico de estos problemas. Después de más de cincuenta años desde que existe el *psicodrama*, he experimentado frecuentemente angustias revividas, arcaicas, preverbales (revividas desde el nacimiento, por ejemplo). ¡Pero sólo acabamos de empezar a reconocer que existe lo revivido transgeneracionalmente! Y constato que, cuando se descubre la causa de las pesadillas, el trauma se verbaliza y se comprende; cuando llamamos a «las cosas por su nombre» y verbalizamos las imágenes horribles y lo hacemos delante de alguien que comprende y que establece los lazos, los síntomas disminuyen notablemente o desaparecen completamente.

Una vez que hemos visto manifestarse al *fantasma*, se convierte en una señal clínica casi tan simple como el test del movimiento reflejo de la rodilla. Reconozco su presencia por el hecho de que las personas se quedan heladas y que siento que el frío se me viene encima, como si hubiera abierto el frigorífico. Este caso es frecuente en personas que sufren, bien sea de la enfermedad de Raynaud que es gravísima, bien de angustias crónicas, o asma o bronquitis de repetición. Converso con una de las personas mientras que está haciendo su genosociograma, y bruscamente, se levanta a buscar un jersey. Entonces le digo: «¿Tiene frío? ¿Qué le pasa?». Y rápidamente, a partir de esa señal clínica, hablamos del frío, de un «frío mortal» o de «estar helado de frío», etc., y encontramos el antepasado del que se trata, el que generó el problema donde debería estar el trauma. Entonces estamos sobre la pista donde se iniciaron los secretos de familia que producen esas vivencias difíciles y esas repeticiones nocivas.

Si Anne Ancelin Schützenberger sentía repentinamente el frío sobre ella que le señalaba la presencia de un fantasma, Didier Dumas cuenta que sentía dolores extraños en el vientre ante el primer caso de obsesión que se encontró. Todavía era un joven analista, que llevaba practicando sólo unos años, e ignoraba totalmente lo transgeneracional.

«La primera vez que se presentó un fantasma en mi despacho, yo estaba tan poco preparado para percibir su existencia que lo recibí como un problema corporal de una violencia sorprendente: sentí insoportables molestias abdominales. Era absolutamente incomprensible. Esos dolores me asaltaban desde que recibí a una clienta que, sin embargo, no decía ni una sola palabra después de varios meses. Tenía otros clientes que se callaban como ella, sin provocar sin embargo esa dolorosa sensación en mí. Se trataba de una mujer a la que habían puesto el nombre de una hermana muerta de corta edad que la precedía. Yo la llamaba Blanche.[18] Esta mujer, pues, había sido concebida para reemplazar a otra. Y, además, al darle la identidad de una muerta, su madre se privó del duelo de su primera hija. La muerte de esta hermana mayor fue ya el producto de un *fantasma*, de otro duelo no hecho en la infancia de su madre, el de una hermana de la madre que se ahogó cuando eran pequeñas y estaban jugando juntas cerca de un estanque.

Hacía casi nueve meses que Blanche venía puntualmente a sus sesiones, pero sin decir ni media palabra, y que yo no llegaba a comprender lo que podían significar esos dolores abdominales, creados en mí por su mutismo. Hasta el día en que, en la sucesión de preguntas que me hacía a mí mismo sobre el fenómeno, prolongué la sesión y me quedé estupefacto de lo que le escuché decir: "Me gustaría decirle que me gustaría estar dentro de su vientre". Entonces comprendí de súbito lo que significaban esos dolores de vientre. Expresaban el deseo que tenía Blanche de encontrar, en mi persona, una madre disponible para ella sola. Durante esos nueve meses de silencio, ella había regresado sin atreverse a pronunciar ese deseo, *a priori* obsceno, de querer instalarse en el vientre de un hombre. Su silencio era una regresión al estado de feto. Y a través de ese deseo impronunciable, experimentó el sufrimiento de no haber venido al mundo más que para reemplazar a otra, de la cual llevaba el nombre.»

18 Este caso se publicó en *L'Ange et le Fantôme*, *op. cit.*, pág, 17 y siguientes.

capítulo 3 La psicogenealogía

—Sus padres se casaron un 26 de abril, ¿y usted? -le preguntó Carole Labédan.

—Pues, yo también, responde Martine boquiabierta.

—Tuvieron 2 hijos. Y usted, ¿cuántos tiene?

—Dos, suspira Martine, sin salir de su extrañeza.

Desde ese momento, Martine se desplaza a través de los lazos impalpables de los parentescos. ¿Cómo se llamaba su abuelo paterno? ¿Dónde vivía? Aparte de su trabajo de sastre, su padre no le había dicho gran cosa. De su abuela, ¿qué más sabía ella?

Pero he aquí que ahora surge una evidencia. Introducirse en esta búsqueda revela que cualquier acto que creía haber elegido conscientemente (su empleo, su matrimonio, sus hijos) no se ha producido únicamente por una elección consciente. Y ha contribuido y contado también para ella sus comportamientos familiares, actitudes implícitas de su padre, de su madre o de cualquier otro pariente. Y, para poder conseguir comprender esto, Martine ha ido a consultar a un psicogenealogista.

El trabajo de un psicogenealogista consiste en sacar a la luz lo que Freud denominó la «repetición», el enemigo más insidioso de la vida mental. En boca de los especialistas de la genealogía, el concepto de repetición no tiene el mismo sentido que en la obra de Freud. Para Freud, la psique de los padres y de los antepasados no condiciona ni la constitución de nuestra propia psique, ni el destino del individuo. Los especialistas de la genealogía hacen suyo este concepto, ampliando su sentido. Todos consideran -en efecto- que la repetición es mucho más compleja en su dimensión transgeneracional que en su dimensión individual. Más violenta, más radical, la repetición genealógica es completamente ineludible, y no se puede trabajar sobre la historia familiar sin encontrarla.

«He comenzado a interesarme por esta persona, hace diez años, tras una reflexión de mi hija –escribe Anne Ancelin Schützenberger en su obra *Mis antepasados me duelen*–. Ella me dijo: "Te das cuenta, mamá, de que tú eres la hermana mayor de dos hijos, de los cuales el segundo está muerto, de que papá es el hermano mayor de dos niños, habiendo muerto también el segundo, y de que yo, también soy la hermana mayor de dos hijos, y el segundo ha muerto... y de que desde la muerte del tío Jean-Paul, temí en cierto modo a la de mi hermano..." (hasta que sobrevino).

Esto me conmocionó. Era verdad, y el hecho de que se tratase de accidentes, y de accidentes de coche, no modificaba nada el problema, sino más bien al contrario.

Entonces, busqué en mi memoria, en relación con mi familia, y encontré muertos, y muertos repetidamente.»[1]

Anne Ancelin Schützenberger, entonces, se inclinó decididamente por el análisis de lo transgeneracional. Hoy, practica terapias de grupo centradas en la construcción del genosociograma. Porque para ella, en este trabajo, «lo más interesante, lo más nuevo es el establecimiento de vínculos probables entre los acontecimientos, las fechas, las edades, las situaciones. Y certificar las repeticiones».[2]

Didier Dumas es igual de tajante. «Cuando se atienden niños y tomamos a nuestro cargo los problemas de los padres, la repetición se encuentra en sus aspectos más espantosos, ante todo genealógicos. Los que nos consultan sobre problemas que afectan a sus hijos lo manifiestan unánimemente. La llegada de un niño es siempre el reto de una repetición. Tener un niño es, en primer lugar, repetir lo que sus padres han hecho o han sido. Las mujeres te dicen: "Yo solamente he tenido como amantes a artistas, melenudos, tipos divertidos, y luego, no sé verdaderamente por qué, ¡he tenido un hijo con un hombre tan rígido!... ¡Es espantoso, es como mi padre!". Otras veces, es él quien te cuenta: "Estábamos muy enamorados, muy felices sexualmente, y desde la llegada de este niño, se acabó. No llegamos ni a tocarnos". En su infancia, han vivido a sus padres como seres asexuados, y cuando se convierten en padres o madres, se encuentran ellos mismos asexuados sin entender por qué. ¡Son los últimos en darse

1 Anne Ancelin Schützenberger, *Aïe, mes aïeux*! Desclée de Brouwer/La Méridienne, 1993, pág. 75 (edición revisada y aumentada 1998).

2 Ibíd., pág. 89.

cuenta de que repiten lo mismo que sus padres! Y esta manera en la que cuentan que, una vez que se convierten en padres, pierden completamente la sexualidad, es la forma más corriente de repetición.»

Para Didier Dumas, la repetición sólo se «consolida» en un síntoma si proviene de la similitud mental entre los dos padres. Considera que los problemas mentales no provienen nunca de uno solo de los padres. Para él, son debidos, principalmente a una «puesta en común» o a una «complementariedad» de los fantasmas de los que son ellos mismos herederos. Todo hombre, declara en su obra *L'Ange et le Fantôme*, está en disposición de deshacer los *fantasmas* de la línea materna, sin tener nada que hacer salvo convivir con el niño, ser su padre, pero con la condición de que no sea, él mismo, portador de un fantasma semejante o complementario.

Se insiste también mucho en el determinismo del orden genealógico que rige la elección del cónyuge, por parte de los terapeutas familiares que participan en la revista *Dialogue*. Una publicación que reúne búsquedas clínicas y sociológicas sobre la pareja y la familia. «La clínica de familias y de parejas nos permite constatar que la elección de la pareja con quien se realizan los proyectos de futuro familiar no se debe a la casualidad», escribe la psicoanalista Évelyne Granjon.[3] Según ella, «el nexo fundacional de la pareja, además de grupo familiar, descansa sobre vínculos libidinosos y narcisistas», y además «genealógicos». A su modo de ver, esta alianza «es el encuentro de dos linajes, con su complementariedad y sus fracasos». Y sobre todo al preguntarse: «¿Qué destino empuja a tal hombre o a tal mujer a elegir esta otra familia (y sobre todo también esta otra persona), sino un ajuste de cuentas con su propia familia?». Una tarea que no se puede asumir solo, estima Évelyne Granjon, para quien «la genealogía está en marcha desde la fundación del grupo familiar, en las premisas del aparato psíquico familiar». En cuanto al «reencuentro genealógico» que constituye a sus ojos la pareja, su característica consiste en ser un «fundador negativo de la pareja», un «no saber», que refleja, en cada miembro de la pareja, unas «importantes omisiones en su familia respectiva».

«La elección amorosa puede estar inducida por un *fantasma*», escribe otra psicoanalista familiar, Denise Morel.[4] Este *fantasma* puede, según ella, ser el de un fallecido que, en las estructuras del inconsciente de una de las dos familias, no ha podido ser enterrado, no ha podido ser objeto

3 Évelyne Granjon, «Traces sans mémoire et liens généalogiques dans la constitution du groupe familial», en *Dialogue* n.º 98, «La présence de l'absent», 4.º trimestre de 1987.

4 Denise Morel, «Choix du partenaire et généalogie», en *Dialogue* n.º 100, «Le dialogue et le secret», 2.º trimestre de 1988.

de duelo. En este caso, «la alianza entre los dos esposos era ante todo una alianza entre uno de los cónyuges y el "fantasma" de uno de los parientes». Es así como «la elección amorosa representa entonces una especie de puesta en acción, en la generación siguiente, de lo que forma parte de los célebres secretos de familia».

Genealogía y nuevas terapias

Pero no hay necesidad forzosa de ser psicoanalista para practicar la psicogenealogía. Es una herramienta en este momento adecuada, que funciona completamente sola, o casi. De esta manera, el trabajo de Carole Labédan consiste principalmente en permitir a los que la consultan establecer un vínculo entre los que llegan, aquí y ahora, a su vida, y los elementos de su historia genealógica. Carole no se autodenomina psicoanalista, ella es psicogenealogista.

Hemos visto que el análisis de lo genealógico era el objetivo de algunos analistas que no se conocían entre ellos. Esta situación parece, por otra parte, no haberse modificado en absoluto hoy en día, más de veinte años después de los primeros trabajos clínicos publicados en este campo. Quizás lo explica el hecho de que la genealogía surgiera también en el trabajo de terapeutas que no son psicoanalistas, de los cuales el más conocido es Jodorowski.[5] Alejandro Jodorowski forma parte de las celebridades parisinas. De origen chileno, este hombre tiene múltiples aptitudes. Es guionista de películas y de cómics, escritor y gran conocedor del tarot. Echa las cartas en un bar parisino y realiza, a quienes se lo piden, su árbol genealógico. Para Carole Labédan, su encuentro con «Jodo» fue determinante.

La tendencia a considerar la historia familiar como parte de lo que, en todo trabajo sobre uno mismo, debe ser explorado o cuestionado, se generaliza un poco en todas partes actualmente, no sólo entre los terapeutas no médicos, como veremos, sino también en el mundo médico. En el ámbito terapéutico, lo transgeneracional parece que también se extiende como una mancha de aceite. Son numerosos los médicos que han integrado esta nueva herramienta en su práctica. Está, en varias facetas, presente en la terapia familiar, el análisis transaccional y de comportamiento, el psicoanálisis de niños, el análisis de grupo y las terapias de pareja. El importante material que aporta a toda empresa terapéutica un trabajo sobre su árbol genealógico ocupa un lugar primordial en todas estas formas

5 Ha escrito dos libros sobre esta cuestión: *Le théâtre de la guérison* (con Gilles Farcet), Albin Michel, 1994 y *L'arbre du dieu pendu*, Métailié, 1996.

de terapias. Que se denomine «hacer su árbol», o su «genosociograma», o su «genograma» no cambia nada. La naturaleza del trabajo es la misma. Es, incluso, posible en nuestra época consultar a terapeutas de un nuevo género cuya actuación se limita a la toma de conciencia de visiones implícitas, no dichas, o inconfesables que, en la historia familiar de una persona, constituyen su herencia mental inconsciente. Son los psicogenealogistas.

Los psicogenealogistas pertenecen al grupo de los «psi», pero mantienen su especificidad. «La terapia en psicogenealogía es una psicoterapia analítica. No tiene nada que ver con un psicoanálisis o con una terapia del comportamiento. Es también diferente en ciertos aspectos a las psicoterapias tradicionales»,[6] escribe Chantal Rialland, en un libro consagrado de la psicogenealogía. Pero ella también precisa que «la psicoterapia analítica retoma las bases teóricas del psicoanálisis: el papel del inconsciente, el análisis de los sueños, etc.».[7]

Las y los psicogenealogistas que he encontrado habían realizado habitualmente un psicoanálisis personal, pero igualmente todo tipo de investigaciones. «Fui farmacéutica –me explica Nicole Rivière– durante cincuenta años. Me hice una psicoterapia con un psicoanalista, después una terapia emocional de grupo con Étienne Jalenques. He trabajado, por otra parte, la astrología con un psicoanalista freudiano, profesor de universidad en Nanterre llamado Philippe Granger. Me enseñó todos los fundamentos de la psicología durante cinco años, y me motivó a estudiar la psicogenealogía. Lo cual me he propuesto hacer con Anne Ancelin Schützenberger. Con ella, trabajo tanto el psicodrama como la dinámica de grupo y la genealogía. Hoy, soy psicogenealogista. Ayudo a las personas a realizar su genosociograma en tres o cuatro sesiones de dos horas.» Carole Labédan ha estudiado extensamente, a raíz de su árbol, los vínculos entre casualidad y predicción en los arquetipos del tarot de Marsella, y el sistema chino de adivinación del I Chin, que son, según ella, dos útiles de «autocuración». El hecho de haber realizado un psicoanálisis completamente clásico no impide a estos terapeutas de nuevo género mantener su actividad de psicogenealogistas. Tanto si encuentran esto más eficaz o más rápido en cuanto a los beneficios clínicos, como si prefieren un protocolo de trabajo menos pesado que el de su propia curación. O bien porque aunque hubieran elegido, porque su psicoanalista fuera precisamente como la mía, lo hubieran hecho ignorando completamente la genealogía.

6 Chantal Rialland, *Cette famille qui vit en nous*, Robert Laffont, 1994, pág. 241.
7 Ibíd., pág. 240.

Los psicogenealogistas no pretenden tener otra formación más que la de su árbol personal. Algunos como Carole Labédan, restablecen los trabajos orientales, que contrariamente a los analistas freudianos, reconocen el lugar de los antepasados en el psiquismo. Aquellos formados por Alexandro Jodorowski están familiarizados con prácticas adivinatorias como el tarot, que es lo primero que se debe saber utilizar en su dimensión terapéutica. Es el caso de Chantal Rialland, que ha fundado un instituto de psicogenealogía, lo que manifiesta el deseo de oficializar una profesión que debería conocer un gran auge en los años venideros ya que los que lo convierten en su oficio son, en nuestros días, cada vez más numerosos.

Trayectoria de un psicogenealogista

La primera vez que conocí a Carole Labédan fue en una velada del «Jardin d'idées».[8] Había acudido, aquella noche, atraída por la conferencia de Benny Cassuto, médico acupuntor, sobre los «meridianos extraordinarios».[9] Esta joven mujer muy despierta, que llevaba el pelo corto, en forma de casco tupido que crecía alrededor de una cara de niña feliz, se declaraba autodidacta. Según sus palabras, esto significa que todo lo que ha realizado a lo largo de su vida le ha servido para inventar su profesión: sus estudios literarios, la práctica de diferentes técnicas corporales, del shiatsu,[10] del Qi Gong, de la relajación de Schultz, el trabajo de la voz, el conocimiento del pensamiento tradicional chino energético, el trato asiduo de la etnometodología,[11] el estudio de las funciones emblemáticas propias de diferentes grupos humanos. Y hasta la chamarilería y las modas que ha conocido, una por la importancia de la memoria simbólica de los objetos del pasado, y las otras «hasta tal punto es fuerte el deseo, en cada persona, que hace creer una apariencia experimentada como la adecuada a su ser más íntimo».

Todo comienza pues para ella el día que, al conocer a Jodorowski, hace su árbol con él. «¡Este encuentro fue una verdadera bendición!», comenta.

8 El «Jardin d'idées» es un grupo de investigación sobre los sistemas metapsicológicos que creamos Didier Dumas y yo en enero de 1996.

9 Los «meridianos extraordinarios» corresponden en medicina china a lo que Françoise Dolto conceptualizó bajo el término de imagen inconsciente del cuerpo, recuerdo mudo pero fiel de toda la encarnación, desde el estado de embrión hasta la vejez. Estos vasos maravillosos son de alguna manera una anatomía dinámica, evolutiva, de nuestro inconsciente freudiano.

10 El shiatsu es una técnica curativa por medio de los masajes y la comunicación táctil.

11 La etnometodología que se enseña en París-VII se interesa por los métodos de funcionamiento propios de cada grupo humano.

Un momento bisagra en su trayectoria profesional puesto que, a raíz de este trabajo, se introduce en el campo de la psicogenealogía. Es en ese momento, precisa ella, cuando «me convertí, por fin, en la protagonista de mi propia vida». Porque «antes de esto, no encontraba mi campo de preferencias, ni los medios de situarme en el mundo. A la edad de 15 años, sin embargo, había seguido una psicoterapia con un psiquiatra, durante tres años. Pero fue al realizar mi árbol cuando comprendí hasta qué punto repetía, acomodándolos a mi manera, modelos familiares de los cuales no tenía consciencia. Volví a mi punto de partida, lo que me permitió descubrir que mis sufrimientos no eran en vano, que tenían sentido respecto a esta gran cadena de generaciones en la cual se inscribe toda vida humana. Aprendí a ver las pruebas, las posibilidades iniciáticas». Y añade con una sonrisa: «Los terapeutas a menudo son personas que han sido castigadas duramente por la vida. ¿No se debe necesariamente haber sufrido para curar o aliviar?».

Jodorowski le había abierto el camino de la psicogenealogía. Carole, desde entonces, imparte su formación a la manera de los «Compañeros de antaño», sin dejar nada a la casualidad. Profundiza en los profesionales «del árbol»; trabaja algún tiempo con Chantal Rialland que asegura su formación teórica, continúa su búsqueda con Anne Ancelin Schützenberger, con quien aprende, haciendo su árbol en una sesión de grupo, la realidad concreta del *síndrome del aniversario* y el papel que la Historia tiene en la elaboración del *genosociograma*. Paralelamente, conoce a Jean-Marc Eyssalet, quien le enseña el pensamiento tradicional chino: «Comencé entonces a establecer los vínculos entre, por una parte, la ancestralidad y sus efectos sobre la vida del individuo, y por otra parte, la energética china y la teoría taoísta de los antepasados. Estos dos puntos de vista ponen en evidencia la necesidad de considerar al individuo en su globalidad, una globalidad que incluye forzosamente la dimensión espiritual. La propia noción de filiación puede declinarse bien por la relación con los antepasados y el mundo que me rodea, como por la relación con un espíritu creador.

El tiempo de los antepasados –le encanta decir a ella– es el tiempo del origen de la especie; es también el tiempo del proyecto en la célula viviente: proyecto tanto de la concepción como de la enfermedad. Los antiguos chinos consideran que el Cielo ordenó un "mandato", en la filiación con los antepasados, y que continuaba a través de la existencia peculiar de cada uno de ellos. Este mandato luego pasa a través de mí, la última descendiente viva hoy en día, aquí y ahora; pero soy yo quien decide mi destino, la forma en que voy a honrarlo. Nacemos con un proyecto de vida desde luego personal, pero completamente unido a nuestra herencia. En el pensamiento tradicional chino, hay un proverbio que afirma que para conocer a una persona hay que conocer su genealogía de las últimas nueve generaciones. El mandato (término que prefiero al de destino, demasiado fatalista) es la forma con la que cada uno puede encontrar su punto de inserción y de actuación en el mundo, y llevarlo a cabo. El mandato es la dimensión propiamente espiritual del ser, aquella en la cual nos sentimos unidos al espíritu creador que obra en nosotros, nos empuja, siempre hacia delante, al descubrimiento de lo que somos. El trabajo sobre el árbol permite realizar la parte mal finalizada de los mandatos, que hemos retomado por nuestra cuenta, y liberar lo que verdaderamente nos hace resonar con nosotros mismos.

El árbol genealógico es también la más bella de las máquinas adivinatorias. Con cada dificultad que aparece, se puede reexaminar. Las ramas del árbol forman parte de nuestras estructuras más profundas, y sondearlas nos permite aprender, en términos válidos para cada uno, lo que bloquea. El árbol responde siempre. No proporciona forzosamente la solución, pero los elementos de información que se desprenden permiten ir un poco más lejos, en la dirección correcta.»

La psicogenealogía, manual de uso

«Practico la psicogenealogía en forma de terapia individual. El árbol, o el *genosociograma,* es una técnica que se inscribe en esta terapia. También se puede concebir como un trabajo para realizar en grupos de cinco a seis personas. Entonces es una intervención puntual. Cualquiera que pretenda hacer directamente su *genosociograma* necesita estar verdaderamente muy motivado o sumido en un sufrimiento agudo, crucial. Una vez construido, desvela un esqueleto de sensaciones que hay que estar dispuesto a aceptar. Desde esta óptica, más vale dedicar tiempo a su realización. El tiempo necesario para inventariar los elementos de la historia personal y familiar puede alcanzar entre un año y un año y medio.

Todas las personas con las que trabajo llegan con un objetivo que deben anotar en una hoja. Se trata generalmente de dejar atrás un problema, una dificultad de la vida: problemas de inserción profesional o de tipo económico, dificultades de compromisos amorosos, caprichos de niño no realizados, enfermedades... Utilizo este objetivo como se inicia un motor de búsqueda. Una vez se alcanza este fin, se puede pasar a otra cosa. No es un psicoanálisis, donde uno se introduce en un proceso reflexivo, o donde se habla únicamente de uno mismo.

El trabajo se realiza por medio de grandes hojas de papel sobre las cuales no intervengo nunca directamente. La hoja es un espacio de transacción importante: el trazo es evolutivo, se llena poco a poco con signos que la persona inscribe a medida que el trabajo avanza. Escribir, simbolizar, retratar con colores, dibujos, le conduce a entregar el retrato íntimo de su familia tal como ella lo tiene. Le indico primero que se sitúe en esta hoja con el conjunto de su familia conocida, viva o muerta. Esta representación queda generalmente tal cual, no se vuelve a trabajar directamente sobre ella. A continuación, en otra hoja, trabajamos claramente sobre la línea materna y la línea paterna. Se trata siempre de diagnosticar las repeticiones y los temas importantes. La única regla existente es que no se borra nunca lo que se ha inscrito. Una información concerniente a una abuela que no se encuentra más tarde, tras investigar, anulada o revocada, adquiere toda su importancia cuando hay que rectificarla. Este conjunto de inscripciones constituye el soporte del trabajo de interpretación.

Puede ser muy desconcertante para cualquiera hablar de su abuela o de un tío abuelo antes que de sí mismo. Propongo siempre, en paralelo, un trabajo corporal con otro terapeuta, con el fin de poder poner en relación las expresiones del cuerpo (dolor de vientre, de cabeza, etc.) con lo que se trabaja en ese momento. Sucede también a menudo que desaparecen las dificultades en la toma de conciencia.

Este trabajo entre dos terapeutas que utilizan técnicas diferentes y que no se comunican entre ellos directamente, sino sólo a través del paciente, constituye para este último una posibilidad de ubicarse como el fruto de un encuentro entre un principio materno (del lado del cuerpo) y un principio paterno (del lado de la palabra y el árbol). Y esto, sin prejuzgar el sexo físico de sus terapeutas. Como se trata de actualizar, aquí y ahora, el sentido de la filiación que ha cruzado nuestras líneas antes que nosotros, este tipo de protocolo representa un apoyo importante; el paciente puede de esta forma anclar, en su conciencia, la legitimidad de su concepción y su venida al mundo en el seno de sus linajes. Lo importante es encontrar el sentido del reencuentro entre su padre y su madre, lo que hace que se esté aquí.

Rendir legitimidad al encuentro entre un hombre y una mujer cualesquiera que sean, habiendo dado lugar a este individuo que realiza su árbol, es comprender ya que sus deseos tenían un fin, que ellos mismos eran arrastrados por un entramado inconsciente que orientó sus elecciones. Se entra en el sentido mismo de su filiación y se encuentra su sentido como individuo.

Este trabajo puede dar la sensación de un inmenso caos; volver a cuestionarse el sentido y el valor de lo que se transmite a lo largo del tiempo, a través de decenas de parientes y antepasados hasta uno mismo, individuo solitario y sin embargo ¡heredero de todos esos genes! Sí, somos individuos, pero por muy individual que se sea, se está dentro de una filiación: se es hijo o hija, nieto o nieta, biznieto o biznieta, y así sucesivamente. Más aún, se puede ser incluso pariente.

En toda terapia de este tipo, hay momentos de impaciencia, momentos de cansancio, de digestión, de revelaciones. Antes de reconocerse una identidad propia hay que hacer un duelo por lo que habíamos aceptado encarnar hasta ahora por fidelidad a las influencias familiares más o menos explícitas.

Solamente el trabajo de la palabra no es suficiente, de ahí la idea de realizar los actos. Dibujar su árbol, escribir por encima, elegir símbolos, colores, realizar búsquedas concretas, ya son en sí mismo actos; pero, cada vez con más frecuencia, propongo un acto simbólico, un ritual, para hacer en la vida diaria y que tiene como fin eliminar una prohibición. Un día pedí a una joven, que no era capaz de asumir un puesto de poder en su profesión, que utilizase un bonito bastón que le había prestado hasta nuestra siguiente cita que tendría lugar quince días más tarde. No debía separarse de él bajo ningún concepto. Tuve la ocurrencia de este ritual al observar cómo el poder le parecía irremediablemente destructor y manipulador, ya que lo asociaba a una persona de su familia a quien no quería y a quien temía parecerse. Había dibujado una representación de esta persona sujetando un bastón. Enarbolando este «bastón de mando» como lo denominan los chamanes, puso su temor a prueba para constatar finalmente que ella también podía asumir funciones de mando sin por ello confundirse con ese pariente. Cuando me devolvió el bastón del que había sabido hacer un uso lúdico, sus dificultades para aceptar la jerarquía se habían allanado mucho y había tomado conciencia de la evolución que se había producido en ella.

El ritual es a menudo la reparación de un trauma genealógico que nunca hasta ahora se había podido superar. Sucede que finaliza el trabajo sobre el árbol triunfalmente, haciendo desaparecer el impedimento o la creencia que bloquea desde hace tiempo el desarrollo individual. El ritual es una información nueva que se envía al inconsciente arcaico, al inconsciente ancestral, para reprogramarlo en un sentido más vivo. Cuando el acto cierra el trabajo, señala el fin de la relación terapéutica poniendo al paciente en una dinámica que no depende más que de él.

La necesidad de realizar actos en el transcurso de una terapia aparece a menudo también con una extraña sincronía. Es en el momento en el que un paciente toma conciencia de una dificultad personal de la cual no se había dado cuenta hasta entonces, cuando aparece en su vida una solicitud o una oferta que está estrechamente relacionada con su dificultad. Recuerdo una joven que no podía hablar en público. En el momento en que tomó conciencia de ello, ¡le propuse precisamente dar una conferencia sobre un tema que le apasionase! La conferencia discurrió muy bien, no le cayó el cielo sobre la cabeza, y se perfiló otra conferencia en el horizonte. A veces no hace falta más para que un individuo, anteriormente agobiado por el peso de una inercia familiar y condenado a una idéntica repetición, adquiera primero la capacidad de actuar, de ser actor de su vida, antes de convertirse él mismo en buscador o creador. El trabajo genealógico transforma la carga de la historia familiar en un material del que el sujeto puede explotar la riqueza de información para su beneficio. Se convierte así en un pivote, una articulación de consciencia en la sucesión de generaciones. Ya no trabaja únicamente por su cuenta, restituye también con dinamismo a sus linajes.

Los pacientes que han sacado adelante este trabajo emplean frecuentemente, para describirlo, la imagen de piezas de puzle que, "antes no encajaban bien", y que, poco a poco, cambian de forma. Pasan a componer un conjunto armonioso al cual corresponde un sentimiento del mismo tipo, unificador, en el trabajo corporal. Es una apertura sobre la globalidad y la disponibilidad íntima.»

Al término de esta conversación con Carole Labédan, todavía tenía una pregunta que me inquietaba mucho. Le dije:

—Si el trabajo que hacemos sobre esta herencia puede revelarnos cuán profundamente estamos moldeados por quienes nos han precedido, entonces, ¿dónde situamos nuestra libertad individual?

—Ésta es la cuestión: soy a la vez heredero –heredero de la problemática familiar, le debo cualquier cosa, en términos de deudas y dones– pero no soy simplemente miembro de una familia. Como individuo, poseo un potencial de innovación, de creación, de originalidad. Mi destino me pertenece. No es de mis antepasados. No estoy únicamente al servicio de la temática familiar, ni completamente liberado de esta temática. La psicogenealogía analiza este movimiento de ida y vuelta entre determinismo y libre albedrío, aprovechando lo que cada uno puede dar de su lealtad como sujeto miembro y acceder a la soberanía de su vida.

capítulo 4 El síndrome del aniversario

El caso de Myriam

Es invierno, poco antes de Navidad. Myriam tiene trece años cuando se empala accidentalmente en una barra de hierro que señala con balizas una carretera de Quebec. La nieve acumulada forma pequeñas colinas sobre el campo y Myriam, jugando, se lanza sobre una de ellas para bajar rodando. Pero de repente, patina y, al sobrepasar el extremo de la pendiente, cae directa sobre una barra de señalización que hay más abajo. La barra está congelada en el suelo, los de la ambulancia primero tienen que desempalarla antes de transportarla al hospital.

Myriam ha sobrevivido a este accidente. En el plano físico, está herida, pero permanece profundamente afectada. Durante una de sus visitas, la madre le desvela a su hija, en presencia del médico lo que denomina su «gran secreto»: ella misma fue violada por dos hombres a la edad exacta en la que su hija se ha empalado, algo que no había contado nunca a nadie. Pero la barra de hierro que ha atravesado el duodeno de Myriam, de un extremo a otro, le ha roto el himen y le ha perforado el diafragma. Ha pasado entre el recto y la vagina sin dañarlos a ninguno de los dos, ha rozado unos milímetros las vísceras y ha salvado la vejiga, el útero, el estómago y el hígado. En resumen, Myriam ha tenido mucha suerte y sale del hospital diez días después del accidente.

Pero, al ser informada de lo que le ocurrió a su madre a la misma edad, Myriam va a descubrir pronto, en una investigación dirigida por ella, esta vez, por parte de su abuela materna, la sorprendente repetición genealógica a la cual la ha enfrentado su accidente. Dos generaciones antes, su abuela también había sido violada en dos ocasiones, a los once y a los trece años, y no lo había contado jamás.

Este caso, relatado[1] por el profesor Ghislain Devroede del Servicio de Cirugía General, del Centro Universitario de Salud de Estrie en Sherbrooke, en Quebec, ilustra de manera elocuente la entrada del análisis transgeneracional en la clínica quirúrgica. De hecho, es la primera vez que un cirujano constata el alcance repetitivo y familiar de los traumatismos corporales accidentales, que no se deben, por supuesto, a la herencia genética. Este tipo de repeticiones es lo que numerosos médicos han convenido en llamar el *síndrome del aniversario*. El *síndrome del aniversario* es la forma peculiar que puede tomar la repetición genealógica cuando está ligada a números significativos tales como las fechas memorables de una familia, o las edades de quienes han vivido los acontecimientos traumáticos.

El inconsciente tiene buena memoria

En Francia, donde, no olvidemos, vio la luz la teoría de lo transgeneracional, los psicoanalistas en maternidad efectuaron investigaciones sobre las fechas de la concepción, el parto y el nacimiento de los bebés, y demostraron, de la misma manera, después de 1978, la desconcertante realidad del *síndrome del aniversario*.

En 1992, cayó en mis manos un antiguo número de *Psychanalyse à l'université* que me arrojó luz sobre los informes que tratan de sexualidad y muerte durante la procreación. En un artículo[2] firmado por la doctora Monique Bydlowski, podemos enterarnos de una serie de hechos clínicos que muestran cómo las fechas de nacimiento de los niños pueden estar asociadas, en el inconsciente de sus madres, a una muerte anterior sobrevenida en su propia vida o en la de sus antepasados. Me apresuré a interrogar a su autora. Monique Bydlowski me recibió en su despacho del hospital Tarnier. Encontré, junto a esta mujer de conversación breve, el tema para un primer artículo sobre el papel del inconsciente transgeneracional en la fecundidad.[3] Monique Bydlowski es directora de investigación en el Inserm y en el Laboratorio de psicopatología fundamental y psicoanálisis, en

1 Anne Ancelin Schützenberger ha publicado dos casos del profesor Devroede, uno de los cuales es éste, en la 10.ª edición de enero de 1998 de *Mis antepasados me duelen*, op. cit., págs. 191-193. Para este capítulo hemos modificado un poco la presentación.

2 Monique Bydlowski, «Les enfants du désir, le désir d'enfant dans sa relation à l'inconscient», *Psychanalyse à l'université*, 1978, tomo V, n.º 13.

3 Nina Canault, «Hantés par le fantôme des origenes», *Libération*, 9 de diciembre de 1992.

la universidad de París-VII. Es neuropsiquiatra, de orientación y práctica psicoanalíticas, y conduce investigaciones sobre «la problemática inconsciente de la reproducción humana» y «la psicopatología perinatal». Los trabajos clínicos de la doctora Bydlowski se apoyan, por una parte, en la teoría de la *cripta* y del *fantasma* de Nicolas Abraham y Maria Török. Ellos señalan que a veces existe una relación directa entre el deseo de un hijo y un duelo no realizado. En cuanto a la concepción del niño, todo ocurre como si el inconsciente tuviera «buena memoria», memorizando las fechas como «significantes», es decir, recuerdos de muertes cuya importancia psíquica ha estado desatendida, o de acontecimientos (la pérdida de un órgano, un aborto espontáneo, por ejemplo) que, por el juego de las coincidencias o de los ciclos estacionales, remiten, a su vez, a otros acontecimientos –familiares, en este caso– que han sido borrados en el pasado.

Recordemos que Maria Török ha puesto de manifiesto un hecho clínico del cual ella declara una existencia casi universal: la *fiestamanía*. Como ya hemos visto, ésta se activa al anunciarse la muerte de un ser querido provocando una explosión de sexualidad que, asociada a la vergüenza y a la culpabilidad, dará más adelante eso que los investigadores han llamado *una cripta* o incluso *una enfermedad del duelo*. Monique Bydlowski muestra que la *fiestamanía* puede expresarse igualmente en la concepción de un hijo: «Es una puesta en acta –escribe ella– o más bien una puesta en hijo. Literalmente, ya no hay cadáver, hay un niño que viene a tomar su lugar y frenar el duelo como proceso de elaboración eventual. Hay negación del duelo. El cadáver se oculta en el niño».[4] Pero es entonces cuando «este niño se cría mal: interrupción del embarazo, premadurez grave, e incluso psicosis precoz».

Ampliando este análisis, Monique Bydlowski demuestra que si no se ha podido realizar el duelo por un ser querido, la fecha del aniversario de su fallecimiento puede, por sí sola, darse a conocer, ya que esta fecha se encuentra entonces en la de la concepción, en la del nacimiento, o en la de la fecha prevista de parto. Estas tres fechas pueden, así pues, tener como origen una *enfermedad del duelo*, y la validez de esta hipótesis ha sido verificada por la doctora Bydlowski a través de numerosísimas mujeres embarazadas. Pero de hecho –me confió– a un nivel fantasmal, «muchas mujeres consideran el nacimiento de un hijo como la repetición, el renacimiento de alguien desaparecido y que se añora». Y todavía recuerdo la emoción que suscitó este «papel» entre las mujeres de la redacción de las páginas de ciencia del

4 Monique Bydlowski, «Les enfants du désir, le désir d'enfant dans sa relation à l'inconscient», op. cit., pág. 70.

periódico: ¿debíamos ser consecuentes nosotras también? ¿Tomar suficientemente en serio las investigaciones de Monique Bydlowski, fijándonos un poco más en las fechas de nacimiento de nuestros propios hijos?

El trabajo psicoanalítico en la maternidad

Cinco años más tarde, en su libro *La dette de vie*,[5] Monique Bydlowski retoma estas consideraciones, pero las resitúa en el contexto de los hechos que permitieron la elaboración, con el fin de mostrar toda la dimensión clínica y social.

Monique Bydlowski es, como todos los que han optado por una concepción transgeneracional del inconsciente, una *outsider*. Al constatar el abismo que existe entre la medicina y el psicoanálisis en el terreno de la reproducción humana, está de acuerdo con el profesor Papiernik en la necesidad de introducir un psicoanalista en el servicio de maternidad. Para ella, el parto no se debe observar como un acontecimiento biológico, sino más bien «psicosomático». No se trata sólo de la reproducción del cuerpo en la persona de un bebé, también hay una transmisión psíquica de representaciones inconscientes por parte de los padres. Émile Papiernik no le discute esta visión del nacimiento. Él es, no lo olvidemos, junto con René Frydman y Jacques Testart, uno de los padres promotores de la técnica de fecundación *in vitro* en Francia. Nuestra medicina le debe el primer nacimiento, en 1982, en territorio francés, de un bebé-probeta, la célebre Amandine. Así es como Monique Bydlowski fue una de las primeras psicoanalistas –hubo algunos otros después– en trabajar en maternidad. Comenzó a su servicio, en la maternidad Antoine-Béclère, en Clamart, y siguió a Papiernik a la de Port-Royal, en París.

Su conducta es nueva en muchos aspectos. Pocos analistas aceptan trabajar como ella, en estrecha colaboración con un equipo de obstetricia compuesto por médicos, comadronas y enfermeras. En tales condiciones, el psicoanalista –escribe–, se «enfrenta a los acontecimientos en caliente, en lugar de ser sólo el testigo de los relatos, a distancia».[6] Ante sus ojos, se plantean cuestiones relativas a la transmisión de la vida psíquica y al niño muerto, que la práctica de la consulta en un centro oculta muy a menudo. El riesgo en el que se incurre –afirma–, es el de verse «empujada a sus referencias teóricas clásicas».[7]

5 Monique Bydlowski, *La dette de vie*, PUF, 1997.

6 Monique Bydlowski, op. cit., pág. 18.

7 Ibíd., pág. 61.

La investigadora del Inserm (Instituto nacional de salud e investigación médica) descubrió este fenómeno de repetición-conmemoración, en primer lugar en los casos «de embarazos que sobrevienen después de un antecedente obstétrico severo, la muerte de un neonato, por ejemplo». Pero –añade–, «más tarde, comunicamos nuestra observación a nuestros colegas, tocoginecólogos, comadronas, y parece que, gracias a la experiencia de unos y otros, este fenómeno no estaba reservado a los embarazos difíciles [...]. El cálculo inconsciente de la fecha prevista para el nacimiento tiene un carácter más general. A eso se añade que *la fecha de concepción misma* también puede ser significativa. Rápidamente, la acumulación de hechos se hace importante y la frecuencia tan alta del fenómeno refleja que es *muy improbable una simple coincidencia*».[8]

El trauma tansgeneracional

Entonces, el inconsciente hace sus cálculos. Pero, ¿cómo lo hace?

«Se trata de una operación involuntaria de suma o resta. En todo caso, se trata de una operación simple, apoyándose en el momento de una duración fijada por la biología: las 40 semanas y media de la gestación (280 días) en el interior de un periodo numéricamente limitado: los 365 días del año, periodo que se repite cíclicamente en el calendario: días, meses, semanas, estaciones.»[9] Así, la señora B. «tuvo dos hijas nacidas muertas los días 22 y 13 de octubre con dos años de diferencia. Tiene 42 años cuando comienza un embarazo no programado cuyo término, una vez más, está previsto para el 20 de octubre. Se acuerda entonces de su propia madre fusilada a los 42 años, el 20 de octubre de 1944».[10]

«Frente a un fracaso de maternidad, podemos encontrar pistas que le den un sentido», me aseguró Monique Bydlowski, durante nuestro encuentro en 1992. «Desde un punto de vista terapéutico, es muy importante ayudar a una mujer que ha perdido un hijo durante un embarazo a encontrar un sentido a este acontecimiento. Hacer con ella una reconstrucción de su historia, con el fin de descubrir el lugar que tenía ese embarazo o ese niño en la genealogía familiar. Por otra parte, el duelo sólo se hace si la pérdida del niño tiene un sentido. Y el sentido remite siempre a la historia familiar... Finalmente, se observa que los adultos entran en acción por recuerdos que a menudo no les pertenecen.»[11]

8 Ibíd., pág. 112. El subrayado es mío.
9 Ibíd., pág. 113.
10 Ibíd., pág. 73.
11 Nina Canault, artículo citado en *Libération*, 9 de diciembre de 1992.

Entonces me cuenta la historia de Nicole que, en su libro, es el caso que inaugura una reflexión sobre el valor terapéutico de la colaboración entre el médico y el psicoanalista en maternidad:

«Tuve una paciente que perdió sucesivamente tres hijos casi a término. El embarazo se detuvo brutalmente entre el séptimo y el octavo mes. Me lo contó durante su cuarto embarazo. Cuando supo que el cuarto era también un varón, vivió un momento terrible; comenzó a tener contracciones uterinas, amenazaba con dar a luz de la misma manera que las veces anteriores. Yo la veía casi todos los días. Y, en esa efervescencia psíquica ligada a la triste pérdida de este cuarto bebé, surgió de su memoria un recuerdo traumático que no había contado jamás. A su padre se le había muerto el padre en el exilio. Ella no había conocido a su abuelo pero, repetitivamente, ella les había puesto su nombre a todos sus hijos muertos. Con ese nombre, ella transmitía un duelo imposible de hacer por su padre y, a su vez, por ella. Gracias al trabajo que hizo conmigo, pudo recordar completamente este drama paterno, hacer hablar a su padre que sólo tenía 12 años en el momento de la desaparición de su padre. Pudieron poner en orden todo lo que él sabía del desaparecido: dónde había nacido, dónde había sido deportado, etc.»

En *La dette de vie*, Monique Bydlowski escribe respecto a este drama genealógico: «La única diferencia establecida entre el tercer y cuarto embarazos seguidos por el mismo obstetra fue la instauración de un protocolo psicoterapéutico en un contexto tranquilizador y limitado. Este nuevo enfoque permite comprender que el duelo que rondaba a esa familia era tanto el de los bebés muertos como el duelo de un anciano del que nadie hablaba, duelo encriptado por el padre de N. y verdadero "fantasma" para su hija, en la generación siguiente. Eso inicia la cuestión del peso transgeneracional de antiguos acontecimientos en la transmisión actual de la vida».[12]

La fantasía inconsciente responsable de los abortos naturales de Nicole y descubierta por Monique Bydlowski consistía en «la idea inconsciente de estar embarazada de un muerto o de un zombi, es decir, de un aparecido, el abuelo desaparecido, quizá».[13]

El síndrome del aniversario

En *Mis antepasados me duelen*, Anne Ancelin Schützenberger justifica el análisis transgeneracional como herramienta de trabajo indispensable en las ciencias humanas y clínicas. Por medio de este libro, ella descubre al

12 Monique Bydlowski, op. cit., pág. 200.
13 Ibíd., pág. 22.

público francés tanto sus propios trabajos como los de Joséphine Hilgard, médica y psicóloga, sobre el *síndrome del aniversario*.

«El *síndrome del aniversario* formaba parte de las anécdotas –me declaró– hasta los trabajos de Joséphine Hilgard,[14] en 1953. Analizó todas las entradas de un hospital de California durante cuatro años. A partir de ese enorme material de estudio, demostró que la psicosis adulta se repetía en una familia de madre a hija, durante tres generaciones, de manera *estadísticamente significativa*. Joséphine Hilgard se había asegurado, cada vez, de que la fecha de la pérdida del pariente pudiera estar firmemente establecida. Si, por ejemplo, una mujer de 35 años estaba internada, aunque tuviera un niño de cinco años, se descubría al investigar que ella misma, a la edad de cinco años, había perdido a su madre de 35 años, repentinamente muy enferma o internada. Había pues un "aniversario doble": el hijo convertido en padre, al alcanzar la edad de su padre perdido, tiene en este caso, al mismo tiempo, un hijo de la edad que él tenía en el momento de esa pérdida. Tenemos una conmemoración de la pérdida, por enfermedad física o mental, que marca (doblemente, a las mismas edades) a la madre y al hijo, la filiación psíquica entre madre e hijo. "Lo que es nuevo –escribe Joséphine Hilgard, al término de sus investigaciones en 1989– es el *reconocimiento de un síndrome específico* creado cuando las coincidencias contextuales son el resultado de revivir traumas precoces que podían conducir a graves enfermedades mentales".»

Entonces pregunté a Anne Ancelin Schützenberger cómo, ella misma, había tenido conocimiento de estos trabajos.

«Hace 15 años comencé a trabajar con enfermos afectados de cáncer en fase terminal, con el método del doctor Carl Simonton.[15] ¡Cuál no fue mi asombro al encontrar, entre esos primeros enfermos, a una joven risueña, con una vida agradable y tranquila, sin demasiado estrés, con un joven marido cariñoso al cual amaba! Ahora bien, a esta persona se le declara un cáncer gravísimo a los 35 años, a la misma edad en la que su madre murió de un cáncer. Yo dije: "¿Ah, sí? ¿A la misma edad? ¡Vaya!". Y a partir de ahí, se desencadena todo un proceso terapéutico. Después su estado mejora de manera espectacular, y su metástasis desaparece, una

14 Los trabajos de J. R. Hilgard abarcan un periodo entre 1952 y 1989. Su artículo de 1953, «Anniversary reactions in parents precipitated by children», publicado en la revista *Psychiatry*, es el punto de partida de toda una serie de estudios sobre la enfermedad como fenómeno de repetición transgeneracional.

15 Dr. Carl Simonton, Stéphanie Matthews Simonton, James Creighton, *Guérir envers et contre tout*, Épi, 1982.

vez establecido el vínculo y realizado el duelo de su madre. Más adelante, investigué sistemáticamente en la historia familiar de cada enfermo del que me ocupaba, aunque no hubiera repetición o una "lealtad familiar invisible". Extraje este término de la *terapia familiar contextual*, una teoría de Ivan Boszormenyi-Nagy,[16] un psicoanalista de origen húngaro, asentado en Estados Unidos, y según el cual no hay familia sin una base subyacente de solidaridad y de lealtad intrínseca y originaria, que precede al nacimiento de los hijos. En esta teoría, la dimensión transgeneracional de los vínculos familiares ocupa entonces un lugar central. La lealtad familiar es en suma la identificación inconsciente de una persona clave de la familia: madre o abuela, tía materna o madrina. Y con los enfermos cancerosos, ¡la he encontrado a menudo! Es en esta época cuando me intereso por el *síndrome del aniversario*. Cuando se busca, a veces se encuentra, y en 1991, descubrí, a través de una conversación con Rupert Sheldrake, los trabajos de Joséphine Hilgard que, lamentablemente, acababa de fallecer. Si la repetición es estadísticamente significativa en la psicosis adulta, sólo hay que investigar en otras patologías y hacer los mismos estudios, y especialmente en el cáncer.

Hoy en día podemos decir que entre los enfermos de cáncer, el 25% de ellos ha visto desarrollar su enfermedad en el contexto de un periodo de debilitación del aniversario, de repetición transgeneracional. Hilgard demostró que una vez revelado el vínculo afectivo del origen de la repetición de la enfermedad, los beneficios terapéuticos fueron evidentes, ya se trate de mejora o de curación. Yo misma he sido testigo de la regresión de cánceres terminales con los enfermos con los que trabajé, hasta la curación total. Por esta razón me pareció importante presentar el *síndrome del aniversario* a los médicos de familia, cirujanos, oncólogos, psicoterapeutas y trabajadores sociales.[17]

Yo utilizo mucho más ampliamente el término de *síndrome del aniversario* porque he visto, a menudo, diferentes casos de repetición de accidentes, de abortos espontáneos, de muertes, de enfermedades, de embarazos… a la misma edad, más concretamente en la misma fecha, en dos, tres, cinco, ocho generaciones, es decir –concluye Anne Anceline Schüt-

16 Lamentablemente sus libros no están traducidos al francés. Cf. los números 110, 111, 115 y 125 de la revista *Dialogue* que ha consagrado a su trabajo los artículos luminosos. Cf. también Anne Anceline Schützenberger, *Mis antepasados me duelen*, op. cit., pág. 40 y siguientes.
17 Cf. Anne Ancelin Schützenberger, *Vouloir guérir*, Desclée de Brouwer, 1995.

zenberger– al remontar la historia familiar unos doscientos años atrás, hasta la Revolución francesa, ¡e incluso mucho más aún!»

Síndrome del aniversario y prevención médica

Los médicos se han planteado la cuestión: ¿cómo utilizar de manera profiláctica el conocimiento del *síndrome del aniversario*? ¿Cómo evitar, por ejemplo, que un tratamiento o que una intervención no produzca efectos nefastos sobre el paciente aunque, en principio, se consideren los indicados?

El profesor Ghislain Devroede fue concienciado del *síndrome del aniversario* por Anne Anceline Schützenberger. Pero por otra parte, Ghislain Devroede es un cirujano de quien sus enfermos han aprendido el valor terapéutico de la abstención. Sólo opera si es obligatorio. Conoce la locura inventiva[18] (de la que las automutilaciones son sólo un ejemplo) que algunos enfermos despliegan para conseguir que se intervenga quirúrgicamente en sus cuerpos. «Sólo opero, a partir de entonces, después de estar seguro de que el enfermo está informado de dos cosas –me confió durante un encuentro en París–. Por un lado, debe ser consciente de que la cirugía implica una cooperación estrecha entre el médico y el enfermo. En lugar de ser pasivo, este último debe poner en marcha todas sus fuerzas para que la intervención pueda llevarse a cabo bien. Por otra parte, debe saber que uno no se pone malo "por azar". El modelo contemporáneo más sofisticado que conozco de la enfermedad es el que presenta el psiquiatra americano George Engel. Él pone en juego tres planos de la realidad: biológico, psicológico y social. A los elementos cromosómicos hereditarios, se añade un pasado psicológico y emotivo más o menos bien vivido, un contexto afectivo más o menos benéfico, y un entorno más o menos contaminado. Además, un individuo enfermo puede recibir un apoyo de su entorno que no tendría si no hubiera desarrollado la enfermedad. Y esto le impide curarse. Después de la cirugía, se puede ir a buscar los elementos desencadenantes de la enfermedad. En la mayoría de los casos, no encontramos, en el enfermo, factores de riesgo físicos, como serían, por ejemplo, una poliposidad familiar, antecedente de un cáncer de colon. Más que un especialista, únicamente ligado a la *historia del caso* del paciente, el cirujano puede ser un acompañante que sigue al enfermo deseoso de explorar

18 Profesor Ghislain Devroede, «Le corps qui crie ses maux», en el coloquio de Montreal sobre «le processus de guérison: par-delà la souffrance et la mort». Éd. MNH. Quebec, 1995.

más aún todos los elementos psicosociales que constituyen su *historia de vida*, y también, por supuesto, los elementos transgeneracionales.»

En obstetricia, «el cálculo de la fecha de nacimiento puede ser, para la embarazada, un elemento de observación de las mujeres que han tenido antecedentes obstétricos», subraya, por su parte, la doctora Bydlowski. «Con ella, durante los cuidados prenatales, se busca la fecha anunciada para el nacimiento. Si esta fecha conmemora una catástrofe obstétrica precedente, se podría intentar prevenir la tendencia a la repetición.»[19]

Pero una profilaxis de la fecha del parto comporta también un riesgo. «Es la propia fecha la que es significativa», recuerda la investigadora del Inserm. Por eso «un detonante médico puede introducir otra fecha para el estado civil. ¡La fecha significativa duerme entonces definitivamente en el dossier de la embarazada!».[20] La profilaxis toca, así pues, a cualquier otra cosa de la que no se miden necesariamente las consecuencias a más largo plazo. Toca a las transmisiones psíquicas transgeneracionales, pero también puede igualmente borrar las huellas. «Los padres que dan la vida son portadores de representaciones, de escenarios más o menos conscientes, de marcas significativas, que provienen de su historia y de forma transgeneracional, de la de sus ascendientes. Estas marcas se transmitirán a sus espaldas al mismo tiempo que el soplo biológico. El término de marca significativa se debe tomar en su sentido inmediato. Se trata de toda señal reconocible ligada a un sentido oculto, a un significado escondido en la memoria del sujeto.»[21] Al modificar la fecha de nacimiento del niño que va a nacer, es el significado trasmitido a través de esta fecha lo que se pierde en la generación siguiente, ya que con el *síndrome del aniversario*, se está en presencia de una transmisión de representaciones inconscientes evocadas a través de una fecha. Esto es lo que incrementa la dificultad, para las generaciones futuras, de acceder a la memoria de las generaciones anteriores en lugar de permitir el reconocimiento.

19 Monique Bydlowski. op. cit. pág. 115.
20 Ibíd., pág. 115.
21 Ibíd., pág. 68.

capítulo 5

El niño y su secreto

En Francia, el psicoanálisis infantil nació con Françoise Dolto. Nadie antes de ella había explicado de manera tan sólida y eficaz que el niño ve y vive las cosas de manera completamente diferente al adulto. «Françoise Dolto sabía por experiencia propia que un niño puede caer en la más profunda desesperación a causa de una ilusión, de una idea equivocada que se haya hecho sobre la realidad, sobre sus padres, sobre el amor [...]. Dolto nos enseñó una cosa: que un niño necesita de la verdad para vivir. No se conformó con arreglar los problemas, también quería prevenirlos, ayudar a los niños a crecer»,[1] escribe la periodista Catherine David en un dossier del *Nouvel Observateur* dedicado a la célebre psicoanalista. El semanario quiso hacer balance de su contribución en el terreno práctico, cotidiano, pero también en el terreno social.

Al releer ese dossier, me doy cuenta de que a Dolto sólo se le ha entendido a medias. Por una parte, se le ha reconocido el mérito de curar a niños con graves padecimientos del espíritu, por lo que se le atribuye un tacto casi mágico o, en cualquier caso, inexplicable, pero, por otra parte, también se le ha reprochado el querer igualar a los psicoanalistas con educadores, padres y docentes. «¿A qué daría lugar una política de prevención de la neurosis en la que un psicoanálisis mal entendido lo invadiera todo, el hogar, la escuela, los campamentos, los centros de orientación?», se pregunta Catherine David. «¿Es el colegio un lugar de aprendizaje o un

1 *Le Nouvel Observateur*, «Faut-il brûler Dolto?», 3-9 de septiembre de 1992.

centro de vacunación psíquica? ¿No hay que diferenciar los papeles para que los niños puedan ubicarse en ellos?»

El gran equívoco entre Dolto y ciertos medios de comunicación franceses parece recaer sobre el más social y político de sus objetivos: establecer una prevención sólida de la neurosis y de otros problemas mentales infantiles. Para ella, la verdadera educación de un niño no consistía en otra cosa que en esta profilaxis. Pero, ¿cómo pretendía Françoise Dolto poner en marcha esa prevención? Creando las Casas Verdes. Fundó la primera en 1979. Se trata de estructuras de acogida, lugares de encuentro para los padres y sus hijos menores de tres años, con una misión múltiple.

«Es, más que nada, un espacio de socialización precoz –me explica Willy Barral, psicoanalista formado por Dolto–. Se trata de que los padres descubran la capacidad que tiene el niño para separarse de ellos. Los padres se relajan y hablan entre ellos mientras los niños juegan. Es el personal el que vela por su seguridad material. Lejos de la vigilancia de los padres, los niños son capaces de hacer proezas y pueden explorar con total libertad un espacio que de otro modo está acotado, con sus señales (pista para bicicletas) y sus prohibiciones (no se pinta sin bata).

Pero las Casas Verdes son también lugares de prevención de trastornos psicosomáticos infantiles. Entiéndase por *psicosomático* cualquier tipo de trastorno corporal que afecta al niño cuando se enfrenta a un conflicto entre sus aspiraciones, su deseo de crecer y los obstáculos que le ponen inconscientemente sus padres. En todo momento se puede consultar a psicoanalistas formados en la observación de la expresión corporal del niño que están presentes, aunque la Casa Verde no sea una consulta.»

Françoise Dolto no pretendía alistar a educadores y padres en los batallones de la causa *freudiana*. Simplemente, quería hacerles comprender una verdad difícil de admitir por su parte: los trastornos de los niños no tienen otro origen que las deudas (inconscientes) contraídas por adultos responsables de la educación de generaciones anteriores. Quería «vacunar al niño contra la enfermedad de la madre o del padre».[2]

«Françoise Dolto supo ver intuitivamente la importancia de la *transgeneracionalidad* en los trastornos infantiles y, cuando trataba un niño, nunca olvidaba que el trabajo que el niño hacía con ella le permitiría, más tarde, responsabilizarse de su descendencia», me cuenta Didier Dumas, que estaba muy unido a la psicoanalista, ya desaparecida. «Así explicaba

2 Françoise Dolto, *La cause des enfants*, Robert Laffont, 1985. Ed. española: La causa de los niños, Barcelona, Paidós, 2000.

ella la diferencia entre el psicoanálisis y otras terapias infantiles. Sabía que el análisis de un niño menor de tres años tiene consecuencias el día en que llega a ser adulto y a su vez se convierte en padre. De ahí la idea de la prevención de los trastornos mentales del niño y la creación de las Casas Verdes, cuya importancia parece no haberse captado bien todavía. Si se quiere afrontar con seriedad la delincuencia que reina en los suburbios, hay que comenzar por establecer Casas Verdes en ellos y hacer trabajar allí a la juventud del barrio.»

Basándose en el perfilado y modelado de los niños que trataba, Françoise Dolto fue pionera en atravesar el espejo de las apariencias para entrar en su mundo. Enseñó a muchas generaciones de analistas a saber leer, comprender e interpretar los perfiles del niño. Les enseñó cómo hablar a los bebés y fue la primera en afirmar que, para entender los síntomas de un niño, había que tener en cuenta las transmisiones mentales en el seno de su familia a lo largo de tres generaciones. Sería penoso para nuestra cultura reducir su legado a una «pedagogía moralizante», porque el arte que desarrolló a lo largo de su carrera no es otro que el de la observación.

En su consulta del hospital Trousseau recibía a los niños sin juzgarlos. Observaba cómo actuaban y qué hacían, liberándose de todos los juicios *a priori* de teorías anteriores. No se conformaba con escuchar, trabajaba con los ojos. Observaba, tratando de comprender cómo lo que «dice» un niño se expresa a través de su cuerpo, de sus gestos, sus expresiones y sus actos y no a través de palabras. Eso es lo que desarrolló ampliamente a través del concepto de *imagen consciente del cuerpo*.

Fue una mujer fuera de lo común que trabajó con una generación nueva de psicoanalistas que confían en el testimonio sensorial, emocional y fantástico del cuerpo, que escuchan tanto como observan y se valen de sus ojos, con todos los sentidos alerta, para captar lo que sucede en el espacio relacional de una sesión entre el niño y sus padres. «Lo normal era que los analistas trabajaran, siendo jóvenes, dos o tres años en un centro médico-psico-pedagógico en el que trataban a los niños –añade Didier Dumas–. Pero analizar niños no les apasionaba en absoluto. Porque si ése hubiera sido el caso, habrían seguido siendo analistas de niños, cosa rara en nuestra profesión.»

Willy Barral es uno de ellos. «Al extender el campo de intervención del psicoanalista a los niños –me cuenta–, François Dolto proporcionó a los terapeutas instrumentos para comprender, en el caso de los pacientes adultos, al niño que en ellos continúa sufriendo y preguntándose cosas. Y como ese niño está inmerso en la problemática familiar en la que se ha hecho persona, es en él donde se mantiene viva la relación con los antepasados y los secretos, haciendo que la *transgeneracionalidad* se manifieste en la curación, como una "evidencia simbólica".»

Cuando me reuní con Willy Barral por primera vez en 1993, con motivo de un desayuno de trabajo, me encontré frente a un hombre jovial provisto de una inagotable curiosidad por los seres y por las cosas. Todo le llamaba la atención, todo le interesaba, la literatura, la gastronomía, el amor, las terapias analíticas y no analíticas, la ciencia y la mística, la filosofía y la teología, el arte y la técnica. Pero parecía tener una única causa verdadera al servicio de la que ponía tan heterogéneos intereses: la causa de los niños. Sus dos tratamientos personales, uno con Pierre Solié, seguidor de Jung, y el otro con Françoise Dolto, con la que más adelante trabajaría a lo largo de muchos años en la clínica de niños, le dejaron «una huella imborrable». Y esa huella hizo que se saliera de caminos más trillados para implicarse en el mundo del niño. Este hombre infatigable trata a niños y adultos, forma terapeutas de niños, promueve la creación de Casas Verdes en el extranjero, no para de recorrer el planeta para divulgar la obra de Françoise Dolto.

Hoy en día hay unas trescientas estructuras tipo Casa Verde en Francia y el extranjero. Por su parte, Willy Barral ha creado una de ellas en Ereván (Armenia) y contribuye en la formación del personal para las estructuras Casa Verde en Rusia, Polonia, Japón y Vietnam. El mundo de la infancia también está en deuda con él por el coloquio[3] que, tanto por su contenido como por sus propuestas concretas manifestadas ante el Consejo Económico y Social, figurará como uno de los testimonios más importantes sobre el lugar de la infancia en nuestra cultura. Con motivo de la promulgación de la Convención sobre los Derechos del Niño en la ONU el 20 de noviembre de 1989, Willy Barral quiso recordar oportunamente que no se podía «pretender luchar por el "bien" y el interés del niño ¡ocupando su lugar y sin contar con él!...», y que, por tanto, era necesario «crear espacios transitorios entre padres e hijos que protejan a los niños de esa reclusión íntima de la que son objeto».

Fueron las teorías de Jung, mucho antes que las de Françoise Dolto, las que introdujeron a Willy Barral en la *transgeneracionalidad*. «Para Jung,[4] el niño padece ante todo de un "inconsciente parental", de todo eso que

3 Este coloquio se desarrolló del 15 al 18 de enero de 1990 en la UNESCO. Las actas del coloquio se publicaron bajo el título *Enfant de droit: la révolution des petits pas*, UNESCO, 1990. Coedición Lierre y Coudrier-La Harpe-enfant de droit.

4 Jung desarrolló esta idea en 1924, en su obra *Psicología y educación*.

permanece en la sombra, de todos esos "secretos en segundo plano" que el adulto se esfuerza por disimular. Jung también habla de "contagio psíquico", de "participación mística" para nombrar y explicar eso que une al niño con el inconsciente parental. Menciona incluso una especie de "locura a dos bandas". Es una herencia inconsciente –afirma–, y se transmite de "generación en generación", como "la maldición de los Átridas".»

—Y, concretamente, ¿qué es lo que aprendió de Françoise Dolto?

—La clínica de Françoise Dolto es una clínica eficaz porque se dirige hacia *el sujeto del deseo*. Considera que todo ser humano vive como un sujeto con un deseo que expresar y no puede hacer otra cosa que perseverar en ello. «Tal y como yo lo veo, no hay más que un tipo de pecado –afirmaba–, el pecado contra el deseo, el hecho de no correr el riesgo de materializar el deseo.» Es un deseo que siempre está presente, desde el estado fetal. Éste es el axioma que fundamenta su ética psicoanalista. Si el niño es un ser vivo, lo es como encarnación de tres deseos: los de los padres unidos al del niño que quiere hacerse persona. «Los padres sueñan con el niño que les gustaría concebir, la madre sueña con el bebé que lleva en su seno, el niño sueña con el día en que verá la luz y si no soñaran juntos, esa vida no llegaría al mundo», ¡escribió Leonardo da Vinci en una nota de sus cuadernos de dibujo!

—¿Por qué el niño toma partido por sus padres si ya tiene un deseo propio?

—Si el niño puede llegar a enfermar por lo que capta a través del inconsciente parental es porque, al construirse con ellos, también hereda las actividades psíquicas de sus dos progenitores. Su actividad psíquica, que se construye en relación con su padre y su madre, se encuentra desde el comienzo totalmente prisionera de los conflictos inconscientes de sus padres. Prisionera en el sentido de «invadida» por la novela familiar, mucho antes que Edipo. Por eso repite, expresándose de manera completamente corporal, la historia familiar. Ése es su primer deber. Los trastornos que se adueñan de él son un mensaje del cuerpo y a través de los síntomas el niño grita «socorro, bomberos».

Lo que me lleva a ser prudente en cuanto al análisis sistemático de los niños y a veces más bien a sacar a los padres del desconocimiento de sus propias dificultades ¡conectadas a su vez con las de generaciones anteriores! La primera vez, nunca veo a un niño con su madre sola. Pido por sistema que los dos padres estén presentes. Cuando hablo con los padres y me entero por ellos de las condiciones en las que ha surgido el síntoma de su hijo, él está presente escuchando. Nuestros hijos hacen que trabajemos en aspectos de las relaciones con nuestros propios padres en los que no podríamos reparar si no fuera por ellos. Nos hacen vivir cosas dolorosas que nos provocan cólera o, al contrario, una profunda depresión. Entonces, uno se pregunta: ¿por qué me ha afectado esto tan profundamente? Esta cuestión nos lleva a indagar sobre la relación con el progenitor, el nuestro, y por qué ha llegado a afectarnos tan hondamente. Y a veces eso saca a la luz algo que nos dolió a la misma edad de nuestro hijo.

Y cuando sucede esto es importante que el niño escuche por primera vez, por boca de sus padres, el relato de la infancia que vivieron, porque en ese relato se encuentran los elementos que obstaculizan la construcción del niño y eso le concierne directamente.

—Describe usted la infancia como un estado de alienación, de invasión por la novela familiar. ¿Qué quiere decir eso concretamente?

—Quiere decir que el niño no puede acceder a su propio pensamiento, decir «Yo», mientras sea prisionero de la íntima convicción de que sus padres lo saben todo. Porque en ese momento tiene con ellos una relación de transparencia en la que él se ve negado como ser diferenciado, como sujeto. En el fondo, Descartes se olvidó de explicarnos cómo accedía el hombre al pensamiento y ésa es la pregunta que Freud quiso responder. Gracias a la primera mentira de los padres -dice- el niño descubre el derecho al secreto. El niño necesita descubrir que es imposible que sus padres lo sepan todo, para poder autorizarse realmente a tener su propia palabra. Para pensarse, en su deseo de nacer.

Por el contrario, cuando los padres dicen que no saben algo pero olvidan señalar que eso no les impide vivir, condenan a su hijo a ir a buscar lo que no sabe en un acto a veces suicida al que Françoise Dolto llama pulsión epistemológica: el deseo de saber a cualquier precio. El niño hace entonces lo mismo que *Alicia en el país de las maravillas.* Atraviesa el espejo para ir a buscar el saber que sus padres no tienen. Por consiguiente, lo que necesita es alcanzar el justo medio entre dos proposiciones: «lo sé todo» y «no sé nada». Así podrá acceder a un espacio psíquico propio al que yo llamo *su derecho al secreto*, aunque se trate de un secreto doloroso de mantener.

—Déme un ejemplo.

—Tuve en la consulta a un niño enfrentado a unos padres inteligentes, pero instalados en la creencia «cientifista» de que todo el saber que buscaba su hijo sobre la llegada de los bebés podía encontrarlo a través de imágenes médicas. A veces, las madres acaparan ese nuevo saber que aporta la ciencia, como si contuviera la verdad de las cosas, su realidad. Por ejemplo, algunos padres consideran las ecografías en ese sentido y se valen de ellas para explicar cómo llegan los niños. Lo hacen para que su hijo no sea débil, pero de ese modo, con la intención de obrar adecuadamente, llegan también a olvidarse de hablarle de amor. De dejarle entender lo que es el amor.

La historia de Paul

«Me trajeron un niño de cuatro años porque no hablaba. Llamémoslo Paul. Al principio, a Paul le gustaba la guardería, socializaba, todo iba bien. Y de repente, los padres pidieron una cita conmigo y lo trajeron para decirme:

—Estamos muy preocupados; nuestro hijo ha dejado de hablar.

Estaban frente a mí; el niño también, sentado en una silla. Mientras yo hablaba con sus padres, él se balanceaba, con un balanceo estereotipado, como si yo no estuviera allí. Sustancialmente, éste fue el diálogo que mantuve con su padre y su madre:

—¿En qué momento han notado que, de repente, algo iba mal?

Su padre: —No lo sé.

Su madre: —A mí me parece que fue cuando nos preguntó cómo se hacían los bebés y le respondimos: "Vas a verlo tú mismo". Su padre fue a por el vídeo de la ecografía que le hicieron cuando no era más que un feto dentro de mi vientre y lo puso para verlo en la televisión.

En ese momento, se volvió hacia su marido:

—Acuérdate de que fue entonces cuando salió del salón dando un portazo y se encerró a cal y canto en su habitación. Él contestó:

—¡Ah! ¿Aquel día?

Y ella insistió:

—Sí, aquel día; estoy segura de que pasó algo, pero no sé el qué.

Los dos eran profesores en la enseñanza pública. No querían hacer lo que sus propios padres habían hecho con ellos, "trampa". Además, durante el embarazo, supusieron que algún día su hijo querría saber. Pidieron al médico, tal y como se hace hoy en día, que les diera la cinta de la ecografía. La guardaron con sumo cuidado, de modo que el documento estuviera perfectamente listo para usarse.

Viendo cómo se balanceaba aquel niño, con la cabeza dirigida hacia abajo, observé que lo que miraba era su sexo y que su balanceo imitaba una especie de coito. Entonces, me dirigí a él y le dije:

—¡Eres un genio! Tus padres son profesores, podían enseñártelo todo, pero *has sabido hacerles una pregunta que no sabían responder*.

Los padres se preguntaban por qué decía aquello. Yo continué: "Les has preguntado cómo se hacen los bebés y no han sabido contestarte. Lo único que pasa es que no han querido reconocer que no tenían ni idea sobre cómo te habían hecho".

Entonces, el padre, comprendiéndolo todo de repente, se volvió hacia su hijo y le dijo:

—Serás tontorrón... ¡Tenías que haberme dicho que querías saber si deseábamos tenerte!

Entonces, el niño sonrió porque su padre le había llamado tontorrón. Se subió a sus rodillas y lo abrazó. Y el padre, completamente emocionado, le dijo:

—Por supuesto que queríamos tenerte. Y el señor Barral tiene razón: uno nunca sabe cómo funciona eso del deseo.

El chaval recuperó el habla para decirle a su madre:

—Estaba seguro, mamá.

Ya ve cómo son los niños: sin darse cuenta siquiera, buscan saber lo que sus padres no saben. Ése es su secreto.»

El saber que los padres no tienen

«Los padres de ese niño tenían muy presente que a ellos no les habían explicado cómo nacen los bebés. Era un saber que no tenían en su historia y que habían intentado subsanar gracias a la ecografía. Querían proteger a su hijo de esa ignorancia, pero ¿una ignorancia acerca de qué, exactamente? Podemos saberlo por la respuesta del padre: "¡Ah! Querías saber si deseábamos tenerte". Contra todo pronóstico, la pregunta del niño no era sobre la biología de la reproducción. No era ni sobre el encuentro del espermatozoide y el óvulo, ni sobre la formación del cuerpo del bebé dentro de la matriz de la madre. Tenía que ver con el deseo que precede y apoya al acto de la procreación. Un deseo que, obviamente, los padres no le habían explicado al niño y que a éste le era muy necesario. ¡Los niños tienen muy claro que vienen del vientre de su madre! Se les dice continuamente. Mostrarles la ecografía que atestigua esa realidad no solamente es redundante, sino que también es un acto terrorífico en la medida en que reduce los sueños del niño sobre su venida al mundo nada más que al útero de su madre. Se le presenta el útero de su madre como la última respuesta a todas las preguntas, la barrera contra la que se estrellan sus fantasías infantiles. A fin de cuentas, si ese niño pequeño quisiera escuchar a sus padres hablar del deseo que tuvieron de concebirlo, ¿no se dirigiría especialmente a su padre? ¿No querría saber qué papel tuvo este último en su venida al mundo? Si el útero tiene una clara significación en nuestra cultura, no ocurre así con los testículos, que sin embargo tienen un papel esencial, tanto desde el punto de vista biológico como simbólico. Nunca se le mencionan al niño, lo que hace que tienda a creer que nació sólo del deseo de su madre.

Ese padre no se equivocaba. Fue él precisamente el que detectó primero qué sentido tenía la pregunta de su hijo: "¡Ah! ¿Eso era lo que querías saber, si queríamos tenerte? ¡Pues claro que deseábamos tenerte, tontorrón!"...

Ésa es la paradoja que la mayoría de los padres no logran resolver. Los padres deben responder a la pregunta del niño sin saber que ignoran la respuesta. Fingen "como si": como si "supieran", como si no pesara ningún misterio sobre esta pregunta fundamental que se hacen los seres humanos desde la noche de los tiempos, como si todo estuviera contenido en el saber que sobre nosotros mismos nos proporciona la ciencia hoy día. En pocas palabras, ¡ni hablar de la pregunta! Y es entonces cuando el niño la realiza en forma de síntoma.»

—¿Cómo definiría su papel como psicoanalista?

—Se trata de volver a poner a cada uno en su lugar dentro de la familia. Creo en el orden simbólico de los lugares. Hay un oxímoron: «Tú eres mi hijo, nunca podrás ser mi padre». Somos lo que son un padre y un hijo: «símbolos» el uno del otro. Del griego *sumbolon*, que significa reunir lo que tiene relación, aun siendo diferente. Y esa relación que nos une puede ser generacional, sexual o fraternal.

Lo importante no es que el niño me confíe su secreto, sino que se lo confíe a su padre. Algunos psicoanalistas, al tratar a un niño, asumen que son ellos los que deben darle ese saber que en realidad él espera recibir de boca de su padre. ¡Lo cual no vale para nada! El saber que busca el niño sólo puede llegarle a través de una palabra encarnada por una de las dos vidas responsables de la suya. Mediante las palabras del padre y de la madre tiene que descubrir el lazo de amor que lo ha hecho nacer. Mi papel consiste sobre todo en «reconectar» entre sí a padres e hijos. No busco que reencuentren esa situación dentro de mi propio sistema. Mi presencia crea un espacio favorable para la comunicación y me parece que el objetivo más importante del psicoanalista de niños es hacer que los padres vuelvan a hablar con sus hijos. En resumen, soy un electricista que vuelve a enchufar lo que se ha desenchufado. Hago que circule la corriente y que el niño pueda acceder, sin intermediarios, a su padre y a su madre.

—¿Y qué papel tienen los abuelos en los síntomas que manifiestan los niños?

—El niño, por sus síntomas, puede hacer trabajar a su padre o a su madre como hijo de otro u otra y hacer entrar en liza a los abuelos. Si una mujer repite con su hija, sin saberlo, el silencio de su propia madre acerca de la venida de los bebés, es que, de hecho, ella misma nunca supo cómo se hacen los niños, ni qué papel tuvo su padre en su nacimiento. Ignoró por completo la sexualidad hasta la edad menstrual y repitió con su hija el silencio de su madre sin siquiera darse cuenta. Por lo tanto, se trata de una omisión *transgeneracional.* Y es eso lo que a través de sus síntomas manifestaba una niña que acudió a consulta.

El caso de David

«Otro ejemplo. Estuve tratando a un hombre, padre de un niño llamado David que por aquel entonces tenía seis años. Un día, nada más llegar, me dijo:

—Es horrible, nuestro hijo David no puede andar.

Se quedó de pie, así que le pregunté:

—¿Cuándo ha sido?

—¡Esta noche! –me respondió, como si fuera evidente–. David quería ir al baño, se ha levantado de la cama y se ha desmoronado. Ha debido de intentar volver a ponerse en pie varias veces y cuando ha visto que no podía levantarse, se ha puesto a llorar, a gritar, a llamar a su madre. Mi mujer ha acudido, lo ha puesto en la taza sin que nada le llamara la atención y lo ha llevado otra vez a dormir sin darse cuenta de nada. Por la mañana le hemos despertado para ir al colegio. En cuanto ha puesto el pie en el suelo se ha vuelto a caer como si las rodillas no lo sostuvieran.

Mi mujer me ha pedido socorro. He llegado y ¡le he dado un azote! Compréndame, he creído que estaba fingiendo para no ir al colegio. ¡Pero David no era capaz de andar y se puso a llorar! ¡Yo estaba aterrorizado! He telefoneado a urgencias del hospital Necker y he anulado todas mis citas. En Necker le han hecho exámenes neurológicos e incluso un escáner. No le han encontrado nada. Desde entonces anda a cuatro patas... Pero lo que me intriga es que a él no parece preocuparle.

Le respondí:

—¿Y dónde duerme usted?

—En el salón. –Y dijo a continuación–: Entiéndalo, es porque, como ya sabe, acabamos de tener un bebé y duerme en nuestro cuarto porque mi mujer tiene que darle de mamar dos veces por la noche. Eso no me deja dormir. Me levanto pronto, llego tarde a trabajar y estoy cansado. Necesito dormir, así que duermo en el salón.

Llegado a ese punto de la explicación, se interrumpió y me preguntó de repente:

—¿Por qué me pregunta eso? ¿Cree que puede tener algo que ver?

Le respondí:

—¡No tengo ni idea! –Y añadí–: ¡Pero si cree que esta pregunta tiene algo que ver, debe usted comprobarlo!

Volvió ocho horas después, completamente alucinado:

—¡Su truco es increíble! ¡David ha vuelto a andar! En Necker no entienden nada, ni yo tampoco. Cuando me han preguntado cómo era posible que volviera a andar, les he dicho: "Ha sido cosa de mi psicoanalista". –Y añadió–: quise comprobar su interpretación. No le he dicho nada a David. Me he acostado en la cama con mi mujer y he llevado al bebé al salón. Y no se lo creerá, pero al día siguiente David se ha levantado como si nada. ¡Ha recuperado las piernas!

Así que a mi paciente no tuvo necesidad de hablar con su hijo. Pero su transferencia hacia mí y mis palabras hicieron que se despertara el deseo de acostarse con su mujer y poner al bebé en el salón.

Para comprender la dimensión transgeneracional de esta historia, hace falta saber que este hombre ya había hecho previamente un primer tramo de análisis conmigo, antes de casarse, diez años atrás. Así que yo ya conocía su historia. Ahora bien, como me dijo "su truco es increíble", no me quedó más remedio que hacer algo acerca de ese "truco", para que no creyera que se trataba de algo mágico y pensara, por ejemplo, que yo tenía el poder de devolverle las piernas a su hijo. Al contrario: la única magia en toda esta historia era que entre él y yo la transferencia "pasó por allí".

Así que monté en cólera. No se lo esperaba en absoluto. Resulta que él me felicitaba por mi "truco" y yo montaba en cólera y le decía:

—¡Pero qué cara tiene! No es "mi" truco, es "su" historia.

—¿Cómo que es "mi historia"? Pero ahora, ¿por qué se enfada conmigo?

Y se puso a llorar. Sollozaba como un niño pequeño. He visto llorar en mi diván y sé diferenciar muy bien entre las lágrimas de adulto y las de niño. Mi enfado le había remitido a su propia historia y había sacado a la luz una verdad escondida desde hacía mucho tiempo. ¡Nunca había sollozado como un niño de pecho! Estuvo así unos diez minutos. Le puse la mano sobre la frente, como hacía Freud al principio de sus consultas para unirse a los pacientes y eso le permitió recuperar la palabra:

—Sr. Barral, mi padre nunca me puso la mano en la frente –y a continuación, se puso a hacer asociaciones–. Tenía seis meses cuando mi padre dejó la cama de mi madre.

Así que este paciente no tenía seis años, como su hijo cuando me habían llamado de urgencia porque, por así decirlo, acababa de perder las piernas, sino seis meses, la edad a la que su padre despareció de su vida. Fue él mismo el que estableció la relación, porque trabajaba continuamente la transferencia conmigo y el que había vuelto para comprender cómo había funcionado ese "truco". A los seis meses su madre lo había entregado al cuidado completo de un ama de cría y no vio a su padre durante la infancia. No lo volvió a ver hasta la adolescencia. Cuando a los dos años y medio volvió con su madre a su casa, se encontró en ella a otro hombre instalado, al que tuvo que llamar "papá". Mientras me contaba eso se puso a llorar. Volví a escuchar todo el dolor por la pérdida de su padre. Así que le puse otra vez la mano sobre la cabeza y me uní a él para no dejarlo solo. No hizo otra cosa que reencontrarse con los recuerdos; se reencontró también con toda su miseria. Al actualizar ese tipo de cosas se consiguen encontrar los medios para reconstruirse. Tenía derecho a esperar que alguien le tendiera esa mano de la que le habían privado brutalmente.

Ese momento supuso un giro renovador para este hombre. Hasta entonces, tenía pendiente de liquidar la deuda vital con su padre, pero no se decidía a hacerlo porque estaba anclado en el rencor. Como acabo de decir, en esta ocasión fue David, su hijo, el que le hizo el trabajo a su padre gracias al "truco" significante.

Este hombre siempre le decía a su hijo: "soy tu colega". Exactamente lo que le decía su padre durante la adolescencia. Durante toda su infancia, la familia materna le lanzaba frases hirientes: "Eres igualito que tu padre", "no eres más que un g…". Así que le resultaba aún más vital luchar por que su nombre subsistiera. Pero hacer eso le producía un rencor hacia su padre por no haber sabido decir ese nombre, alto y claro. De ahí el odio hacia el padre-colega y el rencor que yo había calificado como "pasión rencorosa", para subrayar la fidelidad infantil de ese niño enfadado con su padre. Un padre que, en suma, lo había mantenido cautivo en un vínculo afectivo de tipo homosexual y que no le había dado testículos.

Y al final se reconcilió con ese padre… Pero, ¿qué había querido decirle David a su padre a través del síntoma "yo-nosotros" al, de repente, no poder sostenerse sobre su "yo" y su "nosotros"? "¡Reconcíliate con mi abuelo que también es tu padre! ¡Él también dejó la cama de tu madre, pero no puedes escapar a tu propia filiación por eso! A tu deuda vital".

No olvidemos que todo esto sucedió tras la llegada de un bebé, justo en el momento en el que David necesitaba tener la seguridad de los testículos de su padre. Pero precisamente entonces descubrió que este último ya no dormía en la cama de su madre. "Intuyó" que su padre estaba repitiendo el guión que había vivido cuando su propio padre desapareció. Necesitaba percibir que su padre afirmaba su presencia y no desaparecía como hombre por el hecho de la aparición repentina de un bebé. Al dormir en el salón, el padre se comportaba como un hermano mayor, un "colega". Había colocado en su lugar a un bebé, un hermano pequeño. Así que David se angustió. Hizo ver que "algo no andaba bien", que no podía identificarse con un padre que desaparecía por la llegada de un bebé. Ya no quería convertirse en un hombre. De esta manera, el niño fue a instalarse justo en un punto ciego de la mente de su padre, para prolongarlo, y ése fue su secreto. Porque de esa manera, forzaba que saliera a la luz lo que nadie tenía en el pensamiento en casa de sus padres. Lo impensable hay que trabajarlo y nombrarlo, para que la vida se transmita de manera adecuada de padres a hijos. Haciendo eso, el niño no hace más que "ensayar". Restaura, repara la línea de descendencia y prepara su propia descendencia. Se convierte en un sujeto autónomo con deseos creativos y también viene al mundo para llevar a cabo su propia misión en él.»

capítulo 6

Femenino-maternal

Investigación sobre un personaje invisible: la feminidad

En una obra reciente titulada *Le féminin de l'Être*,[1] Annick de Souzenelle desmenuza el cuento, falaz y humillante, de la creación de Eva a partir de un pedazo de hueso arrancado del pecho de Adán. Al retomar el texto original hebreo del Génesis, demuestra que Dios no quiso dar a Adán una sierva, que pagara su inferioridad después de milenios, sino poner a su lado otra cara de sí mismo, la de «Yo es otro», entonada por Rimbaud.[2] «Nosotros, los traductores -dice- leemos con sus gafas de exiliado», con «los ojos de la exterioridad» ese mito de nuestra encarnación sexuada, piedra angular de nuestra civilización.

A partir de esta nueva lectura, se impone un descubrimiento importante: el pecado original que envenena la sexualidad de los occidentales que desaparece en beneficio de algo nuevo: lo femenino. Lo femenino no es la mujer ya que también está en el hombre, pero la mujer posee una parte que la caracteriza y que necesita asumir. Es de ese femenino de la mujer de lo que vamos a tratar ahora.

¿Lo femenino es asimilable a lo maternal y ser una mujer equivale a ser una madre? Esta confusión de papeles y de géneros está presente en todo

1 Annick de Souzenelle, *Le féminin de l'Être. Pour en finir avec la côte d'Adam*, Albin Michel, 1997.

2 *Véase* a este respecto el precioso artículo que le dedicó Catherine David en *Le Nouvel Observateur* de 6-12 de marzo de 1997.

lo que rodea nuestra cultura, siendo la religión, desde hace mucho tiempo, la que marca la pauta.

Didier Dumas no duda, en lo que a él respecta, en situar la relación cultural con la feminidad como uno de los «barómetros» de la evolución humana: «la evolución espiritual del ser humano –dice– está completamente ligada al estatuto que damos a la feminidad, tanto a la del hombre como a la de la mujer. Lo femenino es la puerta de entrada de lo que llega del exterior. Es lo que acoge el misterio, lo desconocido. En nuestra cultura, es la Virgen que acoge ese misterio que la religión llama Dios. Sin esta abertura a las energías de lo desconocido y del misterio, no veo cómo el ser humano podría llegar a adulto, gobernar su vida y evolucionar. El Cielo del que habla la Biblia no se refiere al cielo material sino a "la otra realidad", la cual atormenta a los místicos y los chamanes. En psicoanálisis, es lo que se llama el inconsciente, y la escucha es femenina. La feminidad es pues para mí lo que, en cada ser, tiene lugar en la escucha, en el diálogo con el inconsciente y el misterio de lo que somos. Entonces, ¿por qué la mujer ha sido el chivo expiatorio en la mayoría de las grandes civilizaciones? En la nuestra, en la Edad Media, la mujer sólo podía ser mala, ya que el pecado original se atribuía a Eva. Sólo podía obtener un estatus de ser humano como otro cualquiera a través de la figura de María. Pero es entonces como madre cuando se la reconoce socialmente. Y socialmente, debe ser madre siempre y no puede decir ni una sola palabra de sexo, en el cual se fundamenta el placer de la vida. Lo que explica la clásica dicotomía entre la Madre, asexuada, adulada, cuya figura emblemática es la Virgen, y la mujer que disfruta, es decir, la Puta, objeto de placer, que no tiene derecho a existir en el seno de una familia. Éste es el aspecto más pérfido de nuestra herencia en materia de sexualidad. Ya que una madre que sólo es madre y no puede mostrarse como mujer ante sus hijos, acaba forzosamente neurótica.

La identidad de la mujer no es la maternal y es necesario ver, en esta confusión entre maternal y femenino, el poder de un matriarcado oculto y devastador que, sustituyendo al hijo por el hombre, tiende a convertirlo en el único objeto de disfrute válido. En nuestra época es el problema principal que encontramos en el terreno de la salud mental de los niños: permitir a sus madres poder ser mujeres sin dejar de ser sus madres».

En la sucesión de las generaciones, la negación de la feminidad se paga, en efecto, muy cara. Es una hipoteca considerable en la salud de los linajes. Es el origen de la histeria femenina, y cuando el odio a la feminidad se transmite de madre a hija, por el hecho de que vuelve a la mujer dependiente del hombre, sus efectos, al principio subterráneos, son siempre devastadores y se hacen sentir desde la tercera generación. Tenemos un ejemplo con la joven Alice, del primer capítulo, esta adolescente autista que vivía sus menstruaciones como una herida, y cuyos graves problemas mentales tenían como origen un rechazo al sexo femenino, transmitido de su abuela a su madre, y remontando, a partir de ahí, a las mujeres de sus linajes durante varias generaciones.

No es mi analista quien me permitió descubrir mi propia feminidad, ya que ella parecía más bien bloqueada en una teoría que no era una. Su referencia en el tema era un texto de la psicoanalista Piera Aulagnier[3] que defendía la idea de que la mujer no tenía deseo propio y que debía, por tanto, entregarse al del hombre que, afortunadamente, tenía uno, aunque no tuviera consciencia de ello. Encima hacía falta que la mujer, que no lo tenía, le revelara el suyo. En resumen, esta historia me hizo dar un giro en redondo, y no fue hasta bastante más tarde cuando, trabajando sobre lo transgeneracional, comprendí que la sexualidad adulta –femenina y masculina–, el placer, el disfrute y el orgasmo, no tenían, contra toda apariencia, ningún estatus teórico serio en el pensamiento freudiano. Después, pude constatar, a través de mis amigas, en análisis o no, que la expresión con la cual Freud califica ese gran desconocido que era para él la sexualidad femenina, el famoso «continente negro» del psicoanálisis, tenía un nombre bien merecido. El disfrute femenino no tiene, de hecho, el estatus legítimo en el lenguaje desde tiempos inmemoriales, y el psicoanálisis de hecho no ha modificado este estado. Yo tuve la experiencia en mi tratamiento. Desde que intenté abordar el tema con mi analista, las palabras con las que ella me respondía funcionaban entonces como una cortina de humo, tapando púdicamente con un velo el hecho de que ella no sabía realmente qué pensar, ni decir, sobre el tema de la comunicación erótica. La única analista, de las que yo conozco, que ha escrito algo en concreto, aunque emplea un vocabulario especializado, al mismo tiempo que esotérico, es paradójicamente, una analista de niños: Françoise Dolto.[4]

Trayectoria de una pionera

«La sexualidad es el pecado del psicoanálisis», me dijo un día, de buenas a primeras, Danièle Flaumenbaum, médica ginecóloga y acupuntora, con

3 Piera Aulagnier, «Remarques sur la féminité et ses avatars», en P. Aulagnier-Spairani et al., *Le désir et la perversion*, Seuil, 1967.

4 Françoise Dolto, *Sexualité fémenine. La libido génitale et son destin féminin*, con notas y presentación de Muriel Djéribi-Valentin y Élisabeth Kouki, Gallimard, 1996 (1.ª ed.: Scarabée et Co/AM Métailié, 1982).

quien me trataba. He aquí cómo empezó para mí el descubrimiento de la feminidad. Danièle Flaumenbaum ha integrado tanto la genealogía en su pensamiento cotidiano, que no es posible consultarla sin que te interrogue sobre tus antepasados. Así fue cómo aprendí, con ella, de qué manera mi madre y mi abuela me habían transmitido no sólo el poder transmitir la vida, sino también la potencialidad del placer de ser mujer. Lo que Danièle Flaumenbaum me hizo trabajar no fue para nada un favor excepcional. Esperando mi turno, en la sala de espera, observé a las mujeres que entraban y salían de su consulta. Desconozco cuál es su magia, pero al salir de su casa, se tiene una fuerza, una vivacidad interior, que contrasta realmente con la cara preocupada o la expresión ausente que se tiene al llegar. Sus conversaciones a veces son duras, otras enigmáticas, te escucha hablar de tu vida de mujer, te examina y, en ocasiones, te aconseja algún libro... y de esta manera te ayuda a ser tú misma, «a dejar de ser una niña que espera al príncipe encantador», en resumen, a descubrir ese personaje invisible que es para cada una su feminidad. Éste es el sentido que Danièle Flaumenbaum ha querido dar a su oficio y a sus luchas. Un día le pregunté: «¿Has conseguido tantos conocimientos gracias a tu consulta?». «No, los he adquirido de mi sexualidad», me respondió sin más explicación.

Danièle Flaumenbaum comenzó su carrera de médica ginecóloga a principios de los años setenta. El movimiento de planificación familiar a través de la contracepción y la liberación del aborto estaban en su apogeo. Ella participó activamente. Como no comprende el interés de estar en el mundo sin ser bienvenido, lucha por el derecho a abortar de las mujeres embarazadas de hijos no deseados: «Creía que era fundamental que las mujeres no siguieran siendo consideradas como paridoras y que las prácticas ancestrales abortivas, llevadas a cabo en la clandestinidad y por tanto vividas de modo traumático, cesaran y que el aborto fuera legalizado. La historia lo permitió. ¿Qué interés tendría para un niño, encontrarse con una madre hundida por estar embarazada y sin tener padre?».

Su destino como ginecóloga se lo debe a una abuela comadrona, muerta de un cáncer dos años antes de su nacimiento, de la cual su madre nunca realizó el duelo. «Nací durante la guerra, en 1943. Mis padres, judíos polacos, estaban escondidos en el sur de Francia con sus dos hijas. Pasó una circular por esa época que afirmaba que la Gestapo no arrestaba a las mujeres embarazadas y a las madres que tuvieran hijos menores de cinco años. Mi padre, muy lúcido, pensó que la guerra se iba a prolongar aún más. Ingenuamente me conciben para salvar a mi madre y a mis hermanas. Me inscribo en la facultad de medicina ya que tenía las lenguas que me interesaban. Sabía que sería ginecóloga, sin conocer las razones. Estos estudios me resultaron especialmente pesados. Me parecían mezquinos, inhumanos, y pocas veces aportaban respuestas a mis preguntas. De hecho, esos diez años de estudios redoblaron el mutismo de mi familia sobre la sexualidad. No escuché hablar ni una sola vez de la sexualidad ni del disfrute femenino, salvo de una manera higienista, o como si eso fuera de una misma. La ginecología era una medicina de la madre y de la maternidad, no una medicina de la mujer. La mujer quedaba reducida a una madre potencial, y la primera gran revelación, para mí, fue descubrir que lo maternal y la feminidad no tienen ninguna relación. Lo que las madres no transmiten a su hija, probablemente porque ellas mismas tampoco lo saben claramente, es la doble vocación del sexo femenino. El sexo femenino está unas veces al servicio de la reproducción y, en ese caso, las mujeres forman parte de la continuidad de su linaje, y otras al servicio del placer. Cuando se trata de festejar la vida, el sexo se convierte en un instrumento de su propia evolución.

Formé parte de la primera generación de mujeres en tener el beneficio de la contracepción. En 1963, tenía 20 años, y pedí un diafragma al servicio de planificación familiar. ¡Los importaban de Inglaterra! A principios de los años sesenta y cinco, las mujeres empezaron realmente a beneficiarse de la píldora, pero al principio, sólo estaba establecida para hacer menos pesada la labor maternal. Las parejas ya no deseaban formar familias numerosas, querían estar disponibles para los hijos presentes. Habían padecido mucho por no tener padres disponibles. Las futuras madres preparaban sus embarazos. Los padres asistían al nacimiento de sus hijos. El bebé se convertía en una persona, comprendía antes de saber hablar, se le respetaba cada vez más. La ecografía reveló que el feto se chupaba el dedo y orinaba en el vientre de la madre. Los padres jóvenes dialogaban entre ellos, y hablaban a su hijo. Este bello florecimiento de las funciones materna y paterna dio como resultado niños rebosantes de salud, pero los padres estaban completamente agotados, sin saber cómo recuperarse y repitiendo el desastre sexual de sus padres.»

La contracepción, una revolución

«La contracepción entrañó, de hecho, un cambio radical en la manera de concebir la sexualidad. Volvió a introducir en nuestra cultura la dimensión propiamente humana del placer. La sexualidad ya no estaba entonces sólo al servicio de la reproducción de la especie. Referida al placer, la sexualidad «enraíza» al individuo en su diferencia, le da un equilibrio, conservando su salud y permitiendo su evolución. Pero para la primera generación de mujeres a la que benefició, el trabajo fue colosal.

Al tomar la píldora, la mujer indica a su cuerpo que no es el momento de procrear un hijo. Lo maternal y lo femenino aparecen, desde entonces, como dos instancias distintas. Una mujer no es la misma cuando se ocupa de un niño o cuando hace el amor con un hombre. Cuando hace el amor, vive su sexualidad carnalmente, festeja la diferencia y la complementariedad de un hombre y de una mujer. Y cuando festeja así el encuentro, finalmente libre de su cuerpo, el placer que recibe y que da es lo más precioso que hay en el mantenimiento de la vida. Esto es lo que las generaciones anteriores no pudieron vivir ni plena ni simplemente, por el hecho de que la única vía sexual autorizada era la procreación. La contracepción permitió a las mujeres ser radicalmente diferentes de sus madres y de sus abuelas. Y esta llegada de la sexualidad femenina en la vida cotidiana ¡es la revolución más importante en la historia de las costumbres que haya conocido el mundo occidental!

Sin embargo, socialmente siempre ha sido la maternidad lo que ha promocionado a la mujer joven en el mundo adulto y el trabajo, que le da la independencia de su familia. La feminidad sigue siendo desconocida en el registro de las transmisiones madre-hija. Continúa siendo negada como instancia estructurante que permite dejar su estado simbólico de hija, para nacer en el de mujer.»

—Y la genealogía, ¿qué le ha hecho descubrir en este terreno?

—El ejercicio de mi oficio me ha hecho constatar hasta qué punto la contracepción y sus problemas están asociados esencialmente a la sexualidad. Era la principal demanda de mis clientes, en mis consultas de aquella época, entre otras al nivel de los embarazos involuntarios. Aparecen generalmente en lugar de preguntas que no han podido dialogar con su madre. Tenía que suponer por fuerza que las mujeres que pedían una contracepción estaban privadas de indicaciones, de referencias al pasado. Cuando estaban perdidas. La libertad que les confería la contracepción no les permitía ser las mujeres felices que habían deseado ser. Para ello, ellas mismas debían en primer lugar construir una imagen para la cual no encontraban ningún informante en sus madres ni en sus abuelas.

Y siempre es igual. Para algunas, las dificultades son tales que el reencuentro con la pareja no se realiza lisa y llanamente. Ellas no comprenden por qué los hombres no vienen a ellas. La mayoría de las veces, ellas les reprochan no ser seducidas como ellas quisieran. Entonces, son víctimas de sus concepciones falsas, concepciones que niegan la diferencia de comportamiento entre hombres y mujeres. Esperan, pasivas y desgraciadas, en la inconsciencia total de su aislamiento. Otras expresan ese malestar en forma de síntomas corporales. Tanto más cuanto que la relación amorosa está invertida o que se acomodan con un hombre. Entonces sufren inflamaciones del sexo, cistitis, micosis, vaginitis. La píldora les da náuseas, les hace ganar peso, les provoca dolor de pecho, se sienten pesadas, les hace sangrar, les hincha las piernas, las vuelve irritables, o disminuye su deseo sexual. Con el DIU están tristes o sangran.

También hay otras que no llegan nunca. La sexualidad es problemática, imposible, el deseo que tenían por quien vive con ellas desaparece súbitamente por completo y sin razón alguna, lo cual es frecuente especialmente después de la llegada de un hijo y sobre todo del primero, cuando la mujer se convierte en madre. O aún más, es la penetración lo que es difícil, incluso imposible. Todo debe ocurrir en la superficie. Se quedan secas, tienen dolor, no sienten nada, o no están presentes. Su sexo realmente nunca ha formado parte de ellas. Sólo puede estar vivo patológicamente: sangra o quema. En resumen, siempre hay algo que impide que los preliminares del reencuentro, el flirteo, las caricias, puedan prolongarse para acoger al pene.

Que el disfrute femenino pueda tener derecho a ser nombrado en la vida cotidiana es cosa reciente. El espacio de esta posibilidad existe pero aún está sin cultivar. Hay algunos árboles, algunas flores... plantados aquí y allá sobre una herencia catastrófica vacía o falaz. Lo importante es que, en nuestra época, comienza una nueva forma de ver y de vivir la sexualidad, de transmitirla. Muy pronto, hacia los tres años, las niñas deberán estar informadas de la anatomía de su sexo. Deben saber que tienen vagina, útero y ovarios. Que estos últimos, cuando alcancen la madurez, les permitirá en su momento portar vida, pero que en cualquier caso, su sexo está hecho para acoger al pene y demostrar así la complementariedad de lo femenino y de lo masculino. Siempre me emociona ver a las hijas de mis clientes venir a consultarme. Estas jóvenes hablan libremente. Todavía rara vez están informadas de la manera en que se acomoda la sexualidad en su madre, y no osan preguntarles cómo la viven. Pero las jóvenes saben que esas informaciones son necesarias. Una de ellas me dijo a este respecto: «¡Claro que es importante! Es la única manera de comprender que tenemos la libertad de hacerlo mejor que ella». No se sienten avergonzadas ni culpables de hablar de su propia experiencia. Saben que una relación sexual debe estar mediatizada por la palabra, que es algo a construir, que es un aprendizaje. Pronto, las mujeres que nos consultarán habrán tenido madres y abuelas que ya hayan conocido la contracepción. Pero para mi generación, la contracepción que estaba considerada como que permitía a las mujeres vivir plenamente su sexualidad, ha revelado sobre todo el largo camino que les falta por recorrer para apropiarse de sus cuerpos. La mayoría de las mujeres permanecen en completa ignorancia de lo que puede ser el gestionar el placer en una vida de mujer.

Genealogía y sexualidad

—¿De qué naturaleza son los lastres que impiden a las mujeres aprovechar su nueva libertad en el plano sexual?

—Nuestra visión del mundo ha sido creada por las generaciones que nos preceden y es lo que fue, o no fue, su madre, lo que está en el origen de estos nudos, de esos obstáculos que se levantan continuamente entre ellas y su deseo. El cinturón de castidad transmitido por las generaciones anteriores está muy presente. Es un dolor insuperable para ellas tener que tomar consciencia de que su querida mamá no les ha transmitido que ellas podían ser felices de ser ellas mismas: de ser mujeres. Pero, ¿cómo podían sus madres haberles transmitido algo que ellas mismas ignoraban? Tener el placer de hacer el amor, es poder darse placer a sí mismas, quererse como mujeres, poder estar satisfechas de lo que se es. No olvidemos que el género femenino viene de lejos. Antes de 1512, la mujer no tenía alma, y no fue hasta después de 1945, con el derecho a votar, cuando se convierte, en Francia, una ciudadana de pleno derecho. En cuanto a Freud, él ve a la mujer y su sexualidad como un «continente negro». Afortunadamente, ha habido una Françoise Dolto. En *Les évangiles et la foi au risque de la psychanalyse*,[5] y a propósito de la sombra de Dios que fecunda a María, escribe que para la mujer, la sombra de Dios no es otra cosa que el deseo del hombre al que ella quiere. En otras palabras, que para la mujer, Dios pasa por el sexo del hombre amado. Pero conseguir placer cotidianamente al acoger el sexo masculino en su vagina y entregarse al ser que ama, ofrecer la magia del cielo infinito, ¡requiere de una profunda revolución respecto a lo que han vivido nuestras madres y nuestras abuelas!

Decidir que no es el momento de traer niños al mundo y poder descubrir el reencuentro carnal con todas las de la ley es lo que permite a los hombres y a las mujeres hacerse adultos. Convertirse en adulto significa

5 Françoise Dolto, Gérard Sévérin, *Les évangiles et la foi au risque de la psychanalyse*, Gallimard, 1996. La primera edición de esta obra apareció en 1977 bajo el título: *L'évangile au risque de la psychanalyse*, en Seuil (J.-P. Delage Éditeur).

dejar de vivir en la órbita de los que nos engendraron. Es poder convertirse en hombre o mujer antes de ser padre o madre. Tomar la píldora no transforma a las adolescentes en mujeres de forma milagrosa. Y como la mayoría de las mujeres no se dan cuenta de que ellas mismas invierten su identidad en la maternidad y no en la feminidad, en general, no comprenden para nada por qué la contracepción les aporta tantos inconvenientes. Heredado, para la mayoría, de una madre que no dice ni palabra de la sexualidad, su sexo no las ha movilizado para nada en esta aventura que es la unión carnal. Los problemas de la contracepción son los problemas inherentes a una sexualidad que busca vivirse y experimentarse, pero que tropieza todavía con numerosos obstáculos. Ante este desfile de quejas, preguntas y enfados femeninos, a los que me enfrenta mi oficio después de más de un cuarto de siglo, me pregunto que si la contracepción se inventó para hacer la vida más fácil, a corto plazo, por el contrario, la ha complicado. Pero, suelo decirme: «¡Qué lenta es la evolución!». Frente a su sexualidad, las mujeres carecen de herramientas, de instrucciones, les falta la transmisión, están perdidas entre dos mundos, el pasado de sus madres y este que no acaban de llegar a creerse. Al principio, no alcanzaba a explicarme qué sucedía para que pudieran ser amorosas, y sin embargo no gozar ni comprender nada.

El psicoanálisis me ayudó a comprenderlo. Casi enseguida, comprendí que los problemas manifestaban el aislamiento que impedía aún que las mujeres intentaran la comunicación con el otro a través del placer. ¡Siempre es difícil lograrlo mejor que su madre! Toda novedad debe construirse, darle forma. El disfrute sexual todavía no está inscrito en las células de la mujer moderna, como pueden estar inscritos los sentimientos y el deseo. La necesidad de vivir su sexualidad de manera autónoma y nueva es una cosa. Y otra es lograrlo, ya que eso implica poner en tela de juicio una herencia de vergüenza y de silencio, lo cual no se puede hacer sin un trabajo serio sobre una misma.

El feminismo ha permitido a las mujeres acceder a la condición humana y, gracias a él, tendemos hacia el reconocimiento de igualdad social. En cambio, no entabla ninguna reflexión sobre la feminidad. Éste no es su propósito, ya que antes de diferenciarse hace falta existir. Sea lo que sea, la relación con el hombre se ha tratado, la mayoría de las veces, en términos de rivalidad y no de trabajo sobre uno mismo.

Todavía creo que cotidianamente las mujeres tienen una enorme dificultad para aceptar la ignorancia que tienen de su feminidad. Creen que la han adquirido o están a punto de hacerlo, pero no la relacionan ni con el placer sexual, ni con la acogida del órgano sexual masculino. Lo que hace que estas mujeres continúen, de una manera u otra, estando insatisfechas, y no sea con ellas con quienes los hombres puedan celebrar el misterio de la vida. Cuando son frígidas, pueden hacer llevar una vida infernal a sus esposos, pero no piensan hacerlo, por algo. Lo que, por otra parte, no es completamente falso. Esta noción de placer no les ha sido transmitida ni denigrada o prohibida. En este tipo de casos, descubrimos, una vez de cada dos, que sus madres y abuelas no querían a los hombres. Querían a los hijos, a los padres, a los hermanos y a las hermanas, y otros alter ego, pero no a los hombres. Éste es el «mensaje» que transmiten inconscientemente a sus hijas. Un mensaje que los padres no contradicen con el fin de poder protegerlas. La genealogía es, entonces, una herramienta indispensable para ayudarlas a emerger de su aislamiento.

—Evoca usted el papel de los padres en su responsabilidad en el aislamiento de las jóvenes. ¿Son todavía así las cosas?

—Se supone que los padres desean a sus mujeres y valoran, en su hija, su estado de futura mujer. Son una bisagra importante para permitir que la hija se libere de su madre. Pero los padres de nuestros padres daban miedo, y no hablaban, aunque muchos padres de hoy en día todavía son muy pasivos, desatentos o claramente tiránicos e impedidores.

La medicina china

—Usted también es acupuntora. ¿Por qué escogió este arte tradicional?

—La acupuntura es para mí una ayuda preciosa. La medicina china trata de regular una energía, el *chi* (o *Qi*), que es a la vez del cuerpo y del espíritu. El chi es la energía de los pulsos de la vida de los que habla Freud y el psicoanálisis. Entre otros, los pulsos afectivos y sexuales. Estos pulsos son fronterizos, intermediarios entre el cuerpo y el espíritu. Los problemas sexuales de las mujeres se presentan en la medicina china como un fallo en la circulación energética. Con mucha frecuencia, es una desarmonía, una disociación entre la parte alta y la parte baja del cuerpo, la energía circula con fluidez en la mitad superior del cuerpo, mientras que por debajo de la cintura está paralizada o es insuficiente. Lo que hace que se tenga un vientre frío, o un vientre obstruido, hinchado, con espasmos, con las nalgas frías, las piernas más o menos hinchadas y los pies fríos. La medicina china es, a este nivel, muy eficaz. Permite no sólo removilizar las energías estancadas sino además se hace cargo de su dimensión transgeneracional. De hecho, considera que los problemas de la función sexual son generalmente debidos a los *Kwei*, los *fantasmas* que, almacenados en otoño, resurgen en primavera. En medicina china, la primavera no es solamente una estación, es la puesta en marcha del ser y la *primavera del cuerpo* es justamente la sexualidad. Aquello que dificulta la libre circulación de las energías sexuales proviene siempre de un atasco debido a las transmisiones sexuales. Para los chinos, el perineo, ese músculo que forma la base de los órganos sexuales que se ponen en marcha en las relaciones eróticas -por algo será-, se llama «el músculo de los antepasados». La acupuntura considera que la sexualidad es el primero de los remedios, pero para los antiguos chinos la sexualidad formaba parte de la higiene mental, aunque para nosotros es, en el mejor de los casos, un anexo de la higiene corporal. En una cultura como la nuestra donde todo se pone sobre el cuerpo, una cantidad sorprendente de hombres y mujeres no sabe siquiera invertir mentalmente su sexo. En la práctica, hace falta en primer lugar ayudarles a intentar hacerlo para que se liberen de sus inhibiciones.

Me explico: estar inhibido es no estar disponible. Los antiguos chinos definían la disponibilidad de un individuo por la noción de vacío. El vacío no es la ausencia. Es hacer sitio. Para que ocurra lo nuevo, hay que hacerle sitio. La disponibilidad es indispensable en la comunicación y en los movimientos de la respiración. Es la condición necesaria para la llegada de lo nuevo. Si has *encriptado* en ti al padre y a la madre, y ocupan todo el espacio, no podrás estar disponible para un hombre. Eso es el vacío. No se puede poner agua en un cántaro que ya está lleno. Es la manera en que abandonamos a los padres para poder estar disponibles para otra cosa. Hace falta saber soltar las cosas que, relacionadas con un periodo anterior, necesitamos pero que, mirando al futuro, son un estorbo: un exceso de «lleno».

Para los chinos el *exceso* es el primer obstáculo en el dinamismo personal. En el cuerpo puede tener múltiples formas. Se puede estar lleno de aire, lleno de humedad, o demasiado grueso, tener edemas, tener hinchazones, vómitos, dolores de cabeza... al igual que otras formas de atasco debidas a un *exceso* que paraliza o ralentiza la circulación de la energía.

—¿Por qué dice que este atasco se debe a la herencia materna?

—Porque la sexualidad de una mujer toma como modelo el de su madre y de sus abuelas, y los síntomas que marcan la genitalidad se repiten de una generación a otra. He aquí un ejemplo: señora B., 45 años, me consulta para tener una segunda opinión sobre una histerectomía a causa de un fibroma. En el examen clínico, el útero no está demasiado grande pero ella sangra mucho. Por otra parte, le hacen seguir un tratamiento hormonal que aumenta sus sangrados. Al interrogarla, me entero de que la señora B.

es la última de una familia de tres hijos. Su madre sufrió una histerectomía a los 45 años, y su abuela materna se murió en el parto de su tercer hijo. La señora B. se sorprende al descubrir la repetición. Le explico que sus sangrados se deben a un útero traumatizado que está, por lo tanto, falto de tono, lo cual ha heredado de su madre y de su abuela en esa forma. Le propongo movilizar su energía a nivel de la pelvis con acupuntura. Los sangrados se detienen y se evita la intervención. Casos parecidos al de esta clienta son extremadamente frecuentes. No es raro que una mujer tenga un fibroma a la misma edad que su madre o que se deprima a la misma edad que ella, y los síntomas de la procreación, cerclaje, o parto difícil, embarazo extrauterino, o aborto espontáneo, son también, con mucha frecuencia, la repetición de un trauma que haya tenido la madre o la abuela.

—Pero, ¿cómo, en esas condiciones, puede existir la feminidad?

—Si la sexualidad no está grabada en el cuerpo, es que no ha sido transmitida. Entonces sólo puede grabarse con la condición de que cambiemos de posicionamiento. Si continuamos siendo las hijas queridas o detestadas de nuestras madres o de nuestros padres, no podremos jamás ser otra cosa más que hijas. Así pues, hace falta reconstruirse, y ésa es la razón por la que nuestra cultura ha inventado el psicoanálisis y todas las nuevas terapias. Si el espacio familiar en el que hemos crecido no considera la sexualidad como algo que forma parte de la vida, si la sexualidad no existe, es inevitable que esté manchada de vergüenza, que haya que vivirla en secreto, la culpabilidad, la imposibilidad de hablar, cuando no claramente insatisfactoria. Así es cómo se fabrican las mujeres-hijas. Las mujeres-hijas tienen un deseo sexual, pero sus células no están informadas.

Una clienta me contó que había preguntado a su padre sobre su sexualidad con su madre y que él le había respondido así: «A tu madre realmente hay que solicitárselo antes de que consienta. Siempre ha sido así, incluso hoy en día. Además, es realmente necesario que haya un psicodrama para que pueda desearme». Éste era justamente el sufrimiento de mi clienta. La disputa, a modo de preliminares para hacer el amor, la identificaba con su propia madre. Era como una puerta que le permitía sentir su deseo, liberando el odio hacia los hombres, transmitido por su abuela materna. Trabajamos juntas, energética, para que su pelvis pudiera estar viva sin el «electroshock» que representaba el sempiterno psicodrama.

Las mujeres cuyas madres han amado el amor son realmente minoritarias, pero te cuentan, por el contrario: «En ese terreno no tengo ningún problema». Eso significa que una madre que consigue placer al hacer el amor lo transmite automáticamente a su descendencia. Aunque no hable de ello.

El genosociograma, una herramienta necesaria

«Cuando lo que ellas sufren impide la realización de la vida que desean, cuando tienen siempre dolor de vientre, cuando no encuentran un hombre, o cuando no llegan a tener un hijo, es entonces cuando les invito a que hagan su *genosociograma*. Lo que más me sorprende en este tipo de trabajo es que no es muy difícil, pero siempre provoca muchas reticencias la emoción de la idea de ponerse a ello, como si tuviéramos una vigilancia natural para proteger a la familia, aunque su herencia sea completamente catastrófica. En resumen, el *genosociograma* es como un ritual de separación. En cuanto se construye el árbol genealógico, encontramos rápidamente el lugar que se nos ha asignado en la familia y con esto, los riesgos en los que incurrimos, hay que mirar frente a frente. Sin embargo, es muy eficaz ya que hay todo tipo de problemas genitales que sólo se comprenden si los recolocamos en la continuidad de las mujeres de la familia, aquellas con las cuales se ha construido. Es importante analizar cómo se han comportado las madres, abuelas y bisabuelas, cómo han vivido sus vidas de mujer y sus vidas de madre. El temor a su árbol genealógico es lo que da los cimientos, un anclaje y un pedestal. Las mujeres descubren las energías de naturaleza ancestral con las que se les ha concebido, aquellas que deben a su madre y a sus abuelas, para bien o para mal. Es una constatación de la realidad, una toma de consciencia, que les confiere la fuerza, cualquiera que sea el escenario, puesto que es esta historia la que las ha construido y por la que están vivas.»

capítulo 7 Las faltas de los padres

El psicoanálisis y el padre

El psicoanálisis da una gran importancia al padre. Para Freud, el padre es, ante todo, el lugar en el que se forman las ideas con las que el niño construye mentalmente el futuro en el que crece. Para Lacan, es aquél a través del que llega la psicosis, a poco que su función «simbólica» no se perciba en el seno de la familia. Un día le pregunté a Didier Dumas: «Pero, ¿qué es lo que Lacan y el psicoanálisis entienden por "función simbólica" del padre?[1]

—Lo simbólico nos remite al hecho de que somos seres de lenguaje y el lenguaje es lo único que nos diferencia de otros mamíferos. En el terreno práctico, el padre puesto de relieve por Freud y luego por Lacan es un padre severo y el psicoanálisis cometió un grave error al respecto. En efecto, ¿qué es un padre autoritario, sino el que impide al niño estructurarse a partir de él? Yo creo que el discurso del psicoanálisis sobre la ley y la castración ha bloqueado claramente a los hombres en su manera de ser padres. Aceptan la idea de que un padre es un martillo pilón, un policía o un pedagogo. Semejante modelo les lleva a repetir el patrón de sus propios padres, dando una educación basada en el adiestramiento, como si el niño fuera un animal o alguien traicionero que no tiene en mente otra cosa que seducir a su madre y eliminarlos a ellos. Lo que hace, según Lacan y parodiándolo, que el «padre severo» se perpetúe generación tras genera-

1 Cf. Nina Canault, «Père, quel est le bon mode d'emploi?», *Libération*, martes 11 de octubre de 1994.

ción. Ser padre consiste, en primer lugar, en repetir el padre de cada uno, reproducir lo que él hizo o dejó de hacer con nosotros. La del padre es una función *transgeneracional*, pero ni Freud ni Lacan podían verlo así, puesto que ellos postularon de antemano el inconsciente como algo individual.

Para comprender qué es la función paternal, hay que estudiar justo donde está ausente, en la clínica de las psicosis infantiles. Lacan fue el primer psicoanalista que asoció la psicosis con la ausencia de la función paternal. Antes de él, siempre se pensó en la psicosis como algo relacionado con lo maternal. Françoise Dolto fue la primera en darse cuenta de que la psicosis infantil era una cuestión *transgeneracional*. Situaba su origen en las relaciones de la madre con su propia madre.

El mismo Didier Dumas es padre de dos hijos. Cuando tuvimos esta conversación estaba terminando un libro en el que describía diferentes tipos de padres a partir de casos de hombres, mujeres y niños de su propia consulta. En él dibuja un panorama de la función paternal en Occidente, tanto de sus carencias como de sus méritos, con la intención de proporcionar a los padres los medios para que «disfruten observando cómo sus hijos se construyen con ellos». Para él, las patologías ligadas a la carencia de la función paternal son «patologías de linaje». Tener en cuenta esta dimensión *transgeneracional* de la paternidad obliga a reconsiderar la función paternal tal y como la había definido hasta ahora el patriarcado. Didier Dumas retrata, de hecho, un padre clavado al del Génesis. Un texto que las religiones monoteístas desvirtuaron tanto, que su mensaje desapareció durante siglos.

—Usted atribuye numerosas virtudes a la función paternal en el seno de la familia. ¿Por qué esa insistencia en defender una función que pierde vigencia en nuestra sociedad, después de haber sido una de las claves de la organización jerárquica del poder y de la familia? ¿No cree positivo que el patriarcado haya desaparecido?

—Constato cada día los perjuicios que la desaparición de los padres produce en las personas que me consultan. Y las consecuencias sociopolíticas de esta situación me saltan a la vista cuando abro el periódico. ¿Qué es la delincuencia que estalla en los suburbios sino una ausencia de padre? Acoger un niño sin padre, tal y como hoy en día promueven la ley y la medicina, es absolutamente dramático para la psique humana. Es una época en la que muchas mujeres sueñan con criar hijos solas y nadie les dice que eso supone abrir de par en par las puertas del infierno. Cuando llega el niño, las madres sólo pueden reemplazar al padre por los terapeutas con los que hablan, lo que no arregla las cosas más que a medias. Y además es muy caro. Para un niño, la madre sin el padre es a la vez ama y esclava. Pero sobre todo se trata de una situación sin salida. Cuando al niño sólo lo educa la madre, no ve en ella un modelo que repetir. Será el rey durante toda su infancia. Pero el momento de las transformaciones biológicas y psíquicas de la adolescencia no será más que un espantoso drama. Además, si se es todo para la madre, y viceversa, ya no será posible salir de esa situación. Lo paradójico es que si la ley atribuye a la madre la preeminencia en la responsabilidad sobre el niño, hace falta otra ley para que los niños puedan divorciarse de sus madres. ¡Y en eso estamos!

Nuestra sociedad –y yo diría que todas las sociedades desarrolladas– sufre globalmente una carencia espiritual cuya primera manifestación es la exclusión de los padres. No puede concebirse al individuo, y aún con más razón al niño, en su dimensión propiamente humana, como un ser en toda regla, si se le considera como un mero producto del cuerpo de su madre. Ambos, hombre y mujer, transmiten tanto el cuerpo como el espíritu. El niño es tanto producto del esperma de su padre como de los pensamientos con los que la madre acogió esa semilla. Pero aun debiendo tanto al útero de su madre como al deseo de su padre, el padre es particularmente responsable de su construcción mental. Al no poder llevarlo en el vientre, al no poder esperarlo más que con la cabeza, teóricamente está en mejor posición para concebirlo como producto de intercambios y transmisiones mentales. La construcción mental del niño depende en primer lugar del padre y, curiosamente, la Biblia lo refleja de manera más atinada que Freud o Lacan.

Si se sitúa el Génesis en el contexto animista y chamánico en el que se escribió, constituye una soberbia tesis sobre la construcción de la psique humana. Y en la Biblia se presenta la función paternal como una función *transgeneracional*: los padres influyen en sus descendientes tres o cuatro generaciones después. Como padre, Caín es el origen de los que perpetúan el asesinato, la venganza y el integrismo. Por contra, Abraham es el primer padre de un linaje de hombres que dará origen al pueblo elegido. Tanto en lo negativo como en lo positivo, la función paternal se muestra como lo que sirve de base y mantiene la solidez de los linajes, lo que ordena la sucesión de las generaciones. Si se ha ridiculizado a un padre, su descendencia no parará hasta reparar ese agravio. Inevitablemente, el hijo vengará a su padre porque lo lleva dentro de sí. Así que todo padre ridiculizado por la ley o el poder vigente, veinte años más tarde, será origen de desorden social, locura o delincuencia. El padre es una instancia que demarca en el ser humano la rectitud, la conciencia y el honor. A ese nivel, es una función que se articula a lo largo de generaciones sucesivas, gracias a lo que fueron todos los padres de sus linajes.

Es cierto que la Biblia es el texto fundador de un patriarcado que ha sido tan excesivo como tiránico, así que, respondiendo a su pegunta, no reivindico en absoluto el antiguo patriarcado, construido sobre la exclusión de lo femenino y, por esa razón, particularmente mortífero. En realidad, no puede haber padre sin madre, ni madre sin padre. Son dos funciones inseparables y complementarias. Cuando en una pareja sucede que la mujer no puede soportar, o simplemente no le hace feliz, ver que su hijo se identifica con esa otra persona que es el padre, si ya no quiere a aquel con el que ha hecho ese niño, lo normal es que el hombre tampoco sea capaz de comprender en qué se le parece mentalmente su hijo. Porque la mayoría de las veces, si él mismo no puede hablar con la madre, no ve cómo el niño se identifica con él. Lo que es más grave, la madre impide al niño construirse mentalmente, es decir, verse autónomo, cosa que depende específicamente de su identificación con el padre.

El ser humano no es sólo cuerpo. Existe también a través del lenguaje, de sus estructuras mentales, de su pensamiento. Para él, esta forma de existir es mucho más importante, puesto que es capaz de sacrificar su vida por sus ideas. Pronto hará treinta años desde que empezaron las modificaciones de las leyes en nombre de los derechos del niño, pero se olvida con mucha facilidad que la primera necesidad de un niño es poder construirse. Por tanto, la clave está en saber cómo y sobre qué base construye el niño sus estructuras mentales. Ahora bien, si el útero es la matriz de la existencia corporal, el apellido del padre es la de la existencia mental. Cuando un padre da su apellido a un niño, no lleva a cabo una simple formalidad, un acto anodino. En realidad, lo está acogiendo en su maquinaria psíquica para que arraigue la suya propia. Le proporciona un lugar en el que el niño basará sus reglas de vida, su moral, sus ideas y su solidez psíquica. Tanto el hombre como la mujer se prolongan a través de su descendencia. El padre se reproduce mentalmente a través de su hijo y sabe que éste algún día ocupará su lugar, porque es mortal.

La construcción mental del niño se realiza, a imagen de la física, a partir de materiales psíquicos tomados del exterior: las palabras y los pensamientos de sus padres. El mecanismo que hace esto posible es la identificación. El niño reproduce a partir de la psique de sus padres todo lo que necesita para su propia construcción y para contestar las preguntas que se hace al crecer. Si la madre no le proporciona un padre con el que identificarse, el niño corre el riesgo de no poder llegar a ser otra cosa que una réplica de su madre. Lo que permite a un niño llegar a ser él mismo, proseguir su evolución, es la posibilidad de conseguir materiales psíquicos tanto de su padre como de su madre, a fin de poder continuar esa búsqueda fuera de su familia, identificándose con todos los humanos. Pero al principio, todo esto depende del derecho de identificarse con un padre.

Las mujeres siempre encuentran grandes dificultades en este asunto. No piden de ningún modo a los hombres que sean padres, sino que les ayuden a ser madres y, a fin de cuentas, lo que les piden es que se hagan cargo de la impotencia de su propia madre. Esta problemática surge en casi todos los tratamientos con mujeres. Repiten las actuaciones de su madre cuando tienen niños y no se dan cuenta en absoluto de que lo que les piden a los hombres les impide a ellos ser realmente padres, es decir ser «otro» para el niño, un lugar de arraigo diferente al que ellas suponen para el cuerpo. Y se llega así a la situación actual cuya gravedad no hay que subestimar: el número de familias monoparentales –madres que educan solas a su(s) hijo(s)– alcanza el 30%, sin tener en cuenta el hecho de que uno de cada dos niños (56%)[2] no vuelve a ver a su padre después del divorcio de sus padres.

La derrota histórica del estatus paterno

—¿A qué atribuye usted esta defenestración del padre que en la práctica se viene observando durante los últimos treinta años?

—El siglo XX es a la vez aquel en el que el hombre occidental trata desesperadamente de poner fin a la brutalidad con la que, en el siglo precedente, la burguesía triunfante le hizo considerar su cuerpo y su sexualidad, y aquel en el que la ciencia se ha convertido, en cierto modo, en la mitología de las ideologías materialistas. Las creencias materialistas han contribuido a destruir toda idea sobre la transmisión espiritual y, con ella, el estatus paternal que constituye su base. La paternidad ha sufrido una degradación en el seno de la familia, causada, en primer lugar, por la ley del 4 de junio de 1970, que puso fin a las figuras de «cabeza de familia» y de «autoridad paternal». ¡Desde entonces, no se ha dejado de enmendar esa ley cada año! Pero el daño está hecho. Parece que ya nadie sabe para qué sirven los padres.

2 Jean-Claude Guillebaud, «La défaite des pères», *Le nouvel Observateur*, 10-16 de marzo de 1994.

La ciencia también ha contribuido a ello. Para la biología médica, el padre no es más que una gota de esperma necesaria para hacer bebés probeta. En eso estoy de acuerdo con Geneviève Delaisi de Parseval[3]. Más allá de la eyaculación, los médicos no tienen ni idea acerca de para qué puede servir realmente un padre. Aplican, a madres humanas, técnicas puestas en marcha y utilizadas rutinariamente para la reproducción animal,[4] sin tener en cuenta que una hembra humana no tiene hijos como una vaca y que el futuro papá, para pasar de adulto masculino a padre, también debe «llevar» a su hijo. En nuestra cultura, nunca se tiene en cuenta qué viven los hombres al pasar de hombre a padre. Ya no se tiene en cuenta el duelo del hombre cuya compañera aborta en contra de la voluntad de él, cosa en la que precisamente incide Geneviève Delaisi de Parseval.[5] Hoy en día existe un matrimonio oculto y materialista entre madres y médicos y esta alianza oculta, de la que nunca se habla, es el relevo del dúo tradicional entre curas y devotas del siglo XIX que desde entonces se afana en dejar a los padres sin utilidad. Que las madres encuentren amparo en la Iglesia, la medicina, la policía o el estado y no en el hombre con el que han tenido su hijo, deriva inevitablemente en una unión incestuosa madre-hijo de la que se excluye al padre. Se trata, por tanto, de fórmulas que sólo conducen a la exigencia de que el hijo sea objeto de alegría y satisfacción exclusiva de su madre. ¡Y nunca se ha denunciado esta manera silenciosa y solapada de excluir a los padres!

—Dice que el padre también lleva al niño durante el embarazo de su madre. ¿Cómo es posible?

—Lo lleva en la cabeza, en sus estructuras mentales, en su deseo. Y no me cabe ninguna duda de que a este nivel existe una comunicación muy precoz, de ser a ser, entre un feto y sus dos progenitores. Cuando los padres hacen el amor durante el embarazo, el feto se encuentra con su padre a través de su sexo. Lo que establece ya su capacidad para construirse a través de la relación con su padre. Entre mis pacientes hay varios casos en los que ha sido el padre el que ha notado el embarazo antes que la madre. Lo que prueba, en mi opinión, la existencia de una comunicación entre el embrión y su padre. Eso parece inverosímil en nuestra época y cultura, pero, de hecho, es el punto de vista de todas las tradiciones. Lo atestigua el ritual de la covada. Geneviève Delaisi de Parseval, que asocia con brillantez etnología y psicoanálisis, presenta un panorama de estos

3 Geneviève Delaisi de Parseval, *La part du père*, Seuil, 1981.

4 Jacques Testart, *Le magasin des enfants*, François Bourin, 1990.

5 Geneviève Delaisi de Parseval, *op. cit.*, pág. 306.

rituales en los que muchas sociedades acompañan a los padres que están esperando un hijo. Los rituales de covada son rituales de paso de adulto masculino a padre. Según la tradición de los indios mojaves, cuando nace un niño, tanto a él como a su padre los bañan la mujer o la madre de éste. Ellos explican que lo hacen para ayudar al padre a regresar al estado de dependencia neonatal, lo que le facilita la comunicación con su hijo. El ritual de la covada se da por todo el planeta: Japón, China, Malasia, Estados Unidos, América Latina, Irlanda, Holanda, Albania, Chipre, Córcega, Bearn... En todas partes se trata de alimentar espiritualmente la relación del niño con su padre. Tomemos otro ejemplo, el de los indios hopis: en cuanto la mujer ya no tiene la regla, su marido guarda cama y pasa nueve meses acostado para facilitar la relación telepática con su feto, lo que tiene por objetivo dar fuerza al feto para afrontar la vida. Contrariamente a lo que ocurre con frecuencia en nuestra cultura, el indio hopi no ignora que concebir un niño incumbe tanto a su esperma como a sus estructuras mentales.

En Occidente apenas se están empezando a descubrir que algunos hombres sufren ciertos síntomas durante el embarazo de su mujer: pérdida de apetito, dolores de vientre, vómitos, antojos similares a los de las mujeres, aumento de peso, insomnio persistente, dolores de cabeza y de riñones, problemas sexuales, ganas de pelear o de huir, miedo... Pero el hombre occidental nunca relaciona estos problemas con el embarazo de su mujer; lo más normal es que no se dé ni cuenta. El médico, en general, es igual de ignorante. Lamentablemente, mientras que las mujeres tienen durante su embarazo una legión de especialistas para ocuparse de ellas, los padres «penan». No hay para ellos ningún foro en el que hablar sobre el reajuste que indican estos síntomas del «embarazo paterno».

Hay que señalar, sin embargo, que en este desierto que deben atravesar los futuros papás, hay un oasis llamado «haptonomía». Es el arte de tocar y sentir, en su dimensión más íntima y afectiva. Es una práctica relativamente reciente inventada por Frans Veldman[6] y dirigida a los padres que quieren comunicarse con su feto durante el embarazo. En la *haptonomía*, este reencuentro se produce a través de la voz y las manos del padre, que aprende a llamar al niño mediante pequeñas presiones sobre el vientre de la madre. Se descubre muy pronto que el feto es capaz de comunicarse con

6 Bernard This, «Fœtologie... Fête au logis», article sur Frans Veldman, sur ce qu'il a fair et sur de qu'il a fondé : l'haptonomie», «L'Aube des sens», en *Les Cahiers du nouveau-né*, n.º 5, obra colectiva bajo la dirección de Étienne Herbinet y Marie-Claire Busnel, París: Stock, 1981, 1989, 1991.

su papá. Lo que significa que el niño, incluso en estado fetal, no se construye solamente mediante la relación con su madre. La evidente díada que al principio forma con ella se intensifica por la dependencia material, la dependencia en el seno materno. La díada que establece con su padre más tarde, a la edad en que adquiere el lenguaje, la edad del complejo de Edipo, se percibe con mayor dificultad porque no deriva de una relación cuerpo a cuerpo como con la madre. Es una comunicación espiritual en la que priman los intercambios verbales.

La funcionalidad paterna

—Hablemos de la función del padre en un terreno más práctico. ¿Cuál es su papel en la vida cotidiana?

—Lo único que tienen que hacer los padres es vivir con sus hijos y ver cómo se construyen con ellos. No tienen que hacer nada particular para educarlos, sólo saber hablarles, discutir con ellos y quererlos. Le respondo esto porque el deseo consciente de un padre de que su hijo haga tal cosa o tal otra obstaculiza desde el primer momento la identificación natural del hijo con el padre, aunque éste no se dé cuenta, ya que la identificación es un proceso inconsciente. En la relación con un padre, lo más importante es poder identificarse con él, porque así el niño replica sus funciones mentales, la vivacidad de su espíritu, su gusto por la música o el ajedrez, tal defecto o tal otro y otras mil cosas más. Estos procesos se producen muy, muy pronto; en cualquier caso, antes de los siete años. Así que para que esas transmisiones inconscientes se den de manera completamente natural, sobre todo hay que evitar bloquear al niño pidiéndole que sea una cosa completamente diferente a la que somos nosotros mismos. Y como la única manera de eliminar un *fantasma* es hablando, lo más importante es la capacidad de hablar al niño. El verdadero problema que subyace es que el padre no tiene ni idea de que es un lugar de identificación. No es consciente de la manera en que sus hijos se construyen con él y no puede darse cuenta mientras no trate de reflexionar sobre ello con su mujer. Como no lo hace, a veces se ve abocado a dudar de si el niño es tan suyo como de su compañera. Así que hay que proporcionarle las herramientas que le permitan observar y comprender cómo su hijo se identifica con él, se construye con lo que él es y, sobre todo, con su estructura mental.

Un padre no es un pedagogo; al contrario, debe buscar pedagogos para su hijo. No le corresponde a él enseñárselo todo. En las culturas tradicionales es más simple: si un padre es herrero, el hijo se hace herrero. El oficio se transmite de padre a hijo y se adquiere en primer lugar por identificación inconsciente durante la primera infancia. En nuestra sociedad, donde las cosas evolucionan muy rápidamente, cada generación debe modificar parcialmente los modelos transmitidos por la precedente. Actualmente nos enfrentamos a una evolución muy rápida de técnicas y costumbres. Nunca se ha conocido nada semejante en la historia de la humanidad. Así que ya no hay que seguir a la fuerza el oficio del padre, lo que sería una mera reproducción social. Ya no hay continuidad genealógica entre padre e hijo en el entramado social dinámico de la ciudad, donde todo evoluciona muy rápidamente. Lo más común es que el abuelo sea campesino, el hijo maestro y el nieto tenga estudios superiores.

Los fantasmas paternos y su transmisión

—Vayamos a la dimensión transgeneracional de la función paterna de la que ha venido hablando. En resumen, la línea paterna transmite al hijo tanto los traumas como la evolución espiritual. Pero, ¿cómo se produce esa transmisión, teniendo en cuenta precisamente que, según dice usted, no hay un cuerpo a cuerpo entre ellos?

—El niño puede recuperar para sí mismo los *fantasmas* de la línea paterna precisamente en el momento de la «díada identificativa» con su padre. El niño es más propenso a hacerlo que la niña, porque construye su identidad sexual en la relación de díada con su padre. La identidad sexual del hombre se construye en continuidad con la de su padre y la de la mujer repitiendo la relación de su madre con la sexualidad. La construcción de la sexualidad es transgeneracional, implica una transmisión «vertical» de padre a hijo y de madre a hija. En *La sexualité masculine*,[7] cuento el caso de un chico cuyo donjuanismo provenía de un síntoma paterno que se le había ocultado. Se veía forzado a una sexualidad agotadora. No podía conocer una mujer sin verse obligado a cortejarla. Su psicoanálisis reveló que, siendo pequeño, su padre, que era militar, sufrió un accidente que le había afectado el canal uretral y lo había dejado impotente. Este hombre sabía vagamente que su padre había sufrido un accidente, pero ignoraba sus consecuencias sexuales. Y sin embargo, toda su libido se había construido basándose en ese drama. Su donjuanismo era simplemente un resorte inconsciente para remediar la impotencia de su padre y se arregló después de descubrir que el accidente de su padre lo había dejado impotente. A este nivel, las transmisiones inconscientes son mucho más sólidas que las conscientes, ya que este hombre ¡tenía la sensación de que

7 Didier Dumas, *La sexualité masculine*, Albin Michel, 1990.

nunca había tenido una relación mínimamente sólida con su padre! Esa es la realidad del *fantasma* y la transmisión genealógica a través de la línea paterna. El inconsciente ocupa la primera posición.

—¿Y sucede lo mismo cuando se trata de una niña? ¿O bien la naturaleza de su sexo la protege de los *fantasmas* de su linaje paterno?

—No, eso no la protege en absoluto. La hija se construye en primer lugar a través de la identificación con su madre, pero también se construye a través de la relación afectiva con su padre, tanto como el hijo. Así que, como él, puede heredar los traumas de su padre. Resulta tan vital para la hija como para el hijo hacerse una representación de la sexualidad del padre. Lo relativo al complejo de Edipo sí se basa en las diferencias entre hombres y mujeres, pero también, y sobre todo, en el origen: ¿de dónde vengo y a dónde voy? ¿Cómo es la reproducción? Por tanto, sean chicos o chicas, los niños ante todo deben poder reconocerse como descendientes del cuerpo de su padre o, si lo prefiere, que su madre tuvo una relación carnal con un hombre que hizo que ellos llegaran al mundo. Es la clave principal del Edipo. Hay que explicitar el papel de los testículos del padre para hacer ver al niño que salió del cuerpo de un padre antes de salir del cuerpo de su madre. He constatado muchas veces, en el caso de los hombres, la necesidad que algunos tienen de revivir su pasado hasta el estado de espermatozoide. Se trata siempre de hombres a los que no se les han nombrado los testículos durante la edad del complejo de Edipo. No informar al niño en el momento adecuado, es decir, a la edad del Edipo, antes de los siete años, de que la sexualidad humana no es partenogenética, puede provocarle síntomas muy graves más tarde. Pero también en lo que respecta a la construcción femenina el descubrimiento del sexo del padre es muy importante y los *fantasmas* paternos también pueden marcar su sexualidad.

Tomemos el ejemplo de la paciente con la que lo descubrí. Había tomado la decisión de analizarse después de haber traído al mundo a su primer hijo porque desde el parto no había sido capaz de hacer el amor con su marido. En el momento en el que él se le acercaba, ella era presa de un pánico incontrolable, de dolores abdominales y de náuseas. Lo que la apenaba aún más era que seguía queriéndolo y no podía imaginarse viviendo sin él.

Durante los dos primeros años de tratamiento, su cura se desarrolló de manera completamente normal. Exploró su infancia, su propio nacimiento y el de su madre. Retomó los estudios, cambió de trabajo y su marido, que tenía mucho interés por lo que hacíamos, también decidió analizarse.

Todo iba cada vez mejor, excepto por que el síntoma por el que había venido no hacía más que agravarse. Ni siquiera podía soportar dormir en la misma cama que su marido. Tuvieron que dormir en habitaciones separadas. Inevitablemente, pasó lo que tenía que pasar. Él no pudo más y le pidió el divorcio.

Ella empezó a contarme toda clase de sueños que yo no comprendía bien, pesadillas que incluían asesinatos de niños acompañados de todas las formas de sadismo. Pero sobre todo, y contrariamente a lo habitual, le resultaba imposible asociar nada a esas imágenes terroríficas. En uno de esos sueños, estaba prisionera con su marido en un barco. La habían atado al pie del mástil y delante de ella había marineros que tomaban a niños por los pies para destrozarles el cráneo antes de lanzarlos al mar. Yo comprendía que el destinatario de ese sueño era yo mismo, dicho de otra manera, que se trataba de un sueño de transferencia, ya que ella se representaba en el sueño al pie del mástil: al pie de Dumas. Pero también había que tener en cuenta que el contenido del sueño provenía de algún sitio. Se lo expliqué y, como ya habíamos explorado sus linajes paterno y materno sin encontrar el menor rastro del bebé muerto, añadí que probablemente se trataba de un suceso que ella ignoraba, algo no dicho o un secreto familiar relativo a la muerte y la infancia.

Cuando vino para la siguiente sesión, resultó que ella misma había encontrado la clave del misterio. Había pasado el fin de semana hablando con sus padres. Su padre había visto morir a su propia madre cuando tenía tres años, cosa que yo ya sabía. El abuelo se había vuelto a casar, pero la mujer que ella conocía, la que llamaba «abuela», resultó no ser la segunda esposa, como siempre había creído, sino la tercera. Entre las dos, el abuelo se había casado con una mujer de la que se había separado más tarde. Ahora bien, una de las razones de su separación fue que la segunda mujer había tenido consecutivamente cinco bebés que nacieron muertos. ¡Eso era lo que se manifestaba en los sueños de mi paciente!

A partir de ese momento, pudo retomar una vida sexual normal. Las crisis de pánico que se apoderaban de ella ante la idea de hacer el amor habían surgido en el momento en el que ella le había permitido al hombre que quería ser padre. Pero, de hecho, provenían de la herida que esa avalancha de bebés muertos había supuesto para su propio padre. A la edad en la que se integra la sexualidad, él había perdido a su madre y tuvo que adoptar a otra. A esa edad todavía no se es capaz de engendrar hijos, así que la sexualidad se construye idealizando la del padre. Ahora bien, ese niño veía el sexo de su padre brutalmente reducido a la impotencia por esa retahíla de bebés muertos. Cuando a su vez se convirtió en padre, el duelo imposible por esos bebés muertos se transmitió a su hija, mi paciente, bajo la forma de un síntoma que obstaculizaba su vida amorosa.

—En su primer ejemplo, el *fantasma* resurgió en la segunda generación, mientras que en el segundo ejemplo fue en la tercera. Según usted, ¿a lo largo de cuántas generaciones puede transmitirse?

—Eso depende: en general, las transmisiones padre-hijo implican la identificación del hijo con el padre, pero también con el abuelo, es decir, envuelven a tres generaciones. Tres generaciones le bastan al niño para poder representarse lo que será su vida. En el transcurso de su vida, un ser humano debe ser, según le va tocando, niño, padre y abuelo. Por lo tanto, su padre y su abuelo son modelos ineludibles. Y, aunque Freud no lo vio así, la pregunta que la esfinge le hace a Edipo: «¿Qué animal, por la mañana con cuatro patas, por la tarde con dos y por la noche con tres, es el más débil por ser el que más patas tiene?», se basa en esas tres grandes etapas del destino humano. Igualmente, en la Biblia no se habla de un padre si no se consideran tres generaciones. Desde el punto de vista bíblico, en un linaje se necesita que haya habido una sucesión de tres generaciones de hombres haciendo el papel de padre para que exista la función paterna. Así que si alguien quiere trabajarse su propia estructura, le bastará con explorar su árbol genealógico a lo largo de tres generaciones.

—Cuando me contó el caso de Jean-Michel, el adolescente que era autista desde su nacimiento y que no podía mirar a su madre a los ojos,[8] por una parte me dijo que tuvo que remontarse a la cuarta generación de su genealogía y por otra me habló de su linaje materno.

—Es cierto, no le hablé de su padre, aunque si éste no hubiera sufrido un *fantasma* bastante parecido al de su mujer, habría podido conseguir, por el simple hecho de que Jean-Michel se identificara con él, que el niño no hiciera suyo el *fantasma* responsable de su autismo. Ese hombre quedó huérfano a la edad de cinco años. Habían movilizado a su padre, que murió al tercer día de la última guerra mundial. La madre lo siguió algo más tarde, después de caer en la locura. Al no haber tenido padres, difícilmente podía él mismo ser padre. Cuando nació Jean-Michel, se puso a trabajar frenéticamente, unas noventa y dos horas semanales. Se las apañó para no estar nunca presente. Y ello se debía al terror que le inspiraba la relación madre/hijo que acaba de crear. El cara a cara durante la infancia con una madre que se había vuelto loca, le había producido un trauma te-

8 Para el caso de Jean-Michel, *véase* el primer capítulo.

rrible que continuaba atormentándolo. Con eso se había encontrado Jean-Michel por parte paterna al identificarse con su padre. Entre una madre a la que no podía mirar a los ojos por miedo a descubrir en ellos la locura mortal de dos bisabuelas que habían empujado a sus maridos al suicidio, y un padre gravemente traumatizado por la locura de su propia madre, las estructuras del inconsciente familiar le ofrecían, por ambas partes, una visión fantasmagórica de lo maternal tan espantosa, que se había tenido que refugiar en el autismo. Sin esa «estereofonía» en la genealogía paterna, Jean-Michel no hubiera sido autista.

Este caso me resultó muy instructivo. En primer lugar, me enseñó a no limitar la exploración del pasado genealógico de mis pacientes a sus abuelos. En la mayor parte de los casos, para entender el peso de la herencia ancestral es suficiente con remontarse tres generaciones. Sólo en algunos es indispensable alargarse hasta la cuarta. En cambio, es muy raro que haya que remontarse más allá. Por eso me impresionó leer en el texto bíblico que «las faltas de los padres se transmitirán hasta la tercera o cuarta generación». Para mí, eso quiere decir que el ciclo de las transmisiones genealógicas normalmente no abarca más de tres generaciones, lo que liga al abuelo, al padre y al hijo, pero que para comprender ciertos casos, especialmente la aparición de un niño autista, hay que saber rastrear el origen a lo largo de cuatro generaciones. En resumen, en la Biblia descubrí, negro sobre blanco, lo que me había llevado varios años comprender y admitir.

Los textos sagrados son fuentes inagotables por poco que uno tenga libertad para leerlos e interpretarlos. La Biblia es uno de ellos. Se les interroga y ellos resumen los tormentos que sufren el individuo, la sociedad y la época en un surtido de imágenes fuertes y depuradas, a la manera de un sueño que nos hablara a la vez sobre lo que hemos vivido y sobre lo que viviremos. En ellos están, estrechamente ligados, pasado, presente y futuro. Una fuente semejante de conocimiento no puede dejar indiferente al médico del alma, ese descifrador de sueños de los tiempos modernos, así que cada vez hay más psicoanalistas que se entregan a la lectura de la Biblia.

—Cuando me cuenta lo que la Biblia dice sobre la «falta», me viene a la cabeza Didier Dumas, que se ha convertido estos últimos años en un especialista del *mitoanálisis.*[1] ¿Es un error de análisis, una mala jugada?

—La primera vez que ese término aparece en el Génesis es a propósito de Caín. Dios le avisa y básicamente le dice: «desconfía, la falta está agazapada, dispuesta a surgir de ti»,[2] justo antes de que mate a su hermano Abel. Dicho de otro modo, se nos dice que la falta ya está presente antes de cometerse, como emergiendo del inconsciente. En el versículo siguiente, Caín mata a su hermano en lugar de hablar con él. Una traducción francesa del texto bíblico, la de André Chouraqui es absolutamente explícita a la hora de señalar que a Caín le resulta imposible decir ni una palabra: «Caín

1 El *mitoanálisis* es un término inventado por Didier Dumas para designar la interpretación de los textos sagrados y de los mitos a partir del inconsciente transgeneracional.

2 Génesis 4:7. Traducción de la versión francesa de André Chouraqui. Desclé de Brouwer, 1989.

dijo a su hermano Abel[...] y estando ellos en el campo, Caín se levantó contra Abel y lo mató».[3] Caín se siente desbordado por sus emociones y es incapaz de dominar la cólera que se ha apoderado de él al ver que su ofrenda a Dios no ha sido de su agrado, cosa que sí sucede con la de su hermano Abel. Lo que el texto llama «la falta» consiste por tanto en una carencia de palabras, una imposibilidad para hablar que, al dejarlo mudo, conduce a Caín al asesinato. Así que, consistan en lo que consistan, las faltas no expresan otra cosa que la ausencia de palabras: son *impensados*, hiatos en el sistema de representaciones con el que nos enfrentamos al mundo y que transmitimos a nuestros descendientes. Creo que ése es el sentido que la Biblia da a este término. El Antiguo Testamento es un texto cuya fuerza reside en destacar la necesidad humana de asumirse como un ser de lenguaje. A diferencia de lo que los curas han querido hacernos creer, el pecado no tiene nada que ver con el placer erótico. Consiste en concebir el cuerpo del niño antes de haberlo hecho de palabra, en tomarnos por mamíferos olvidando que somos, antes que nada, seres de lenguaje.

El estudio de los árboles genealógicos nos permite comprender precisamente cómo esos *impensados* tienen un papel fundamental en la extinción de la familia. Un exceso de *fantasmas* y se ve cómo los linajes se extinguen debido al cáncer, la psicosis infantil, el suicidio o cualquier otro accidente vital. De esta manera puede verse cómo la vida y la muerte se transmiten dentro de las familias.

—Pero la Biblia atribuye a los padres en exclusiva la responsabilidad de la transmisión de la falta. En su opinión, ¿quién es responsable, el padre, la madre o ambos?

—La Biblia instaura el patriarcado, lo que hace que asigne a los padres el trabajo de la palabra, que, retomando la imagen bíblica, permite separar al cordero de la madre dentro de un rebaño. La tarea de la función paternal es introducir la palabra allí dónde sólo hay cuerpo. Al nacer, un niño se encarna antes de saber hablar. Como es capaz de usar el cuerpo para comunicarse con su madre, es cuerpo antes de ser verbo. E, inevitablemente, la mujer se encarga de la función maternal, ya que es la que le da el cuerpo al niño. No es que la mujer sea mala, como decían los sacerdotes de la Edad Media. En mi opinión, sólo la perseguían para hacer de su propia madre un fetiche. Oponiéndose a lo que ellos decían, la fuerza de la Biblia reside precisamente en que no atribuye la falta a Eva. La historia

3 Génesis, capítulo 4 versículo 8, traducción de André Chouraqui, op. cit.

de la serpiente cuenta que es la mujer la que le pone la venda al hombre.[4] ¡Afortunadamente! ¡Si hubiera tenido que hacerlo él solo, la cosa no habría tenido el menor interés! Pero la Biblia dice también que si las madres cometen faltas, es culpa de los padres, porque son ellos los encargados de separar al niño de su madre. Y en relación con esto, el caso de Jean-Michel supuso para mí una enseñanza impagable para comprender el complejo reparto de papeles en las transmisiones mentales. Se necesita la participación paterna *y* materna en los *impensados* para que el niño recupere para sí mismo un *fantasma*, porque, de hecho, por grave que sea un trauma, basta hablar de él en lugar de silenciarlo para que desparezca. El *fantasma* se transmite cuando el padre juega el mismo juego que su mujer y también oculta a los niños la verdad sobre un suceso trágico o doloroso de la historia familiar. Cuando lo hace, es generalmente para no apenar a su mujer. El de Jean-Michel no podía hacer desaparecer la herencia defectuosa de la línea materna de su esposa porque, como le he dicho, tenía un *fantasma* semejante en la suya propia. Le resultaba imposible «separar el cordero de su madre», por culpa de sus propios *fantasmas*. Y si el padre no puede contrapesar a la madre, no puede ser para el niño otro espacio de construcción diferente de ella que le permita elaborar su identidad mental, en resumen, si el padre se comporta como una madre o un doble de la madre, entonces machaca a su hijo.

Las enfermedades mentales, desde la neurosis hasta la psicosis, siempre se deben, en mi opinión, a un defecto de la función paternal. Lo cual quiere decir que si los padres actúan como las madres o si respaldan el poder de las madres sin reflexionar sobre su propio papel y su propio poder, ese comportamiento provoca que los niños tengan la impresión de no haber tenido nunca la oportunidad de reencontrarse con su padre, tal y como atestiguan todos mis pacientes. Y ése es el problema más grave de nuestros tiempos.

4 Nina Canault, «Plongée psychanalytique dans la Bible», en *L'Actualité religieuse*, n.º 128, 15 de diciembre de 1994.

Bibliografía

La lista que aparece a continuación sólo hace referencia a las obras que no están señaladas en el cuerpo del texto.

NICOLAS ABRAHAM Y MARIA TÖROK, *Le verbier de l'homme aux loups*, Aubier-Flammarion, 1976.

FRANÇOISE DOLTO, *L'image inconsciente du corps*, Seuil, 1984.

DIDIER DUMAS, «Le généalogique dans l'histoire et la pensée freudienne», en *Patio*, n.º 4, págs. 201-218, París, 1985.

JEAN GUYOTAT, *Mort, naissance et filiation*, Masson, 1980.

JEAN GUIR, *Psychosomatique et cancer*, Point hors ligne, 1983.

ALAIN DE MIJOLLA, *Les visiteurs du Moi*, Les Belles Lettres, 1981.

—, «"Mein onkel Josef" à la une!» *Études freudiennes*, n.º 15/16, Denoël, 1979.

LUCIEN MÉLÈZE, «Voie royale ou forêt vierge», *Patio* n.º 2, París, 1984.

Sobre lo transgeneracional

CLAUDE NACHIN, *Le deuil d'amour*, Éditions universitaires, 1989.

—, *Les fantômes de l'âme*. A propósito de las herencias psíquicas, L'Harmattan, 1993.

SERGE TISSERON, *Secrets de famille mode d'emploi*, Ramsay/Archimbaud, 1996.

RENÉ KAËS, H. FAIMBERG, M. ENRIQUEZ, J.-J. BARANES, *Transmission de la vie psyquique entre générations* (obra colectiva), Dunod, 1993.

Le psychisme à l'epreuve des générations (obra colectiva dirigida por Serge Tisseron), Dunod, 1995.

NICOLAS RAND y MARIA TÖROK, *Questions à Freud*, Les Belles Lettres/Archimbaud, 1995.

JAQUELINE LÉGER, *Un autisme qui se dit*. Fantômes mélancoliques, L'Harmattan, 1997.

Textos recopilados por Tobie Nathan, «L'enfant ancêtre», *Nouvelle revue d'ethnopsychiatrie*, n.º 4, La Pensée sauvage, 1985.

VIVIANE FORRESTER, *Van Gogh ou l'enterrement dans les blés*, Seuil, 1983.

Dialogue, revista trimestral editada por la AFCCC, 44, rue Danton, 94270-Le Kremlim-Bicêtre. Tel.: 01 46 70 88 44: «A quoi nous servent nos enfants», n.º 125; «Construire la parenté: l'alchimie familiale», n.º 126; «L'adoption: une nouvelle naissance?», n.º 133; «Couple et secrets de famille», n.º 134.

Sobre la ciencia

BERNARD D'ESPAGNAT, *A la recherche du réel*. Le regard d'un physicien, Agora Press Pocket, 1991.

—, en colaboración con ÉTIENNE KLEIN, *Regards sur la matière*, Fayard, 1993.

OLIVIER COSTA DE BEAUREGARD, *Le temps déployé*. Passé-futur-ailleurs, Éd. Le Rocher, 1988.

Marcel Odier, *L'esperit de la nouvelle science*, Éd. L'Age d'homme, 1990.

Régis y Brigitte Dutheil, *L'homme superlumineux*, Éd. Sand, 1990.

—, *La médecine superlumineuse*, Éd. Sand, 1992.

Jean-Marie Pelt, *De l'universe à l'être*, Fayard, 1996.

—, *Les langages secrets de la nature*, Fayard, 1997.

Índice